汽车传动系统检查与维护

主　编　刘冬生　袁涛生　钟小舟
副主编　卢运海　李虹瑾　谢善东
参　编　莫肖强　符永恒　曾多子　莫禄金　陆晓平
　　　　符瑞满　陈泽润　周德坤　符策大　陈球赛
主　审　王　菲

机械工业出版社

本书按照汽车运用与维修职业技能等级标准的要求编写，由手动变速传动系统的检查与维护、液力自动变速系统的检查与维护、无级变速系统的检查与维护、双离合器变速系统的检查与维护四个项目组成，每个项目分为若干个任务，每个任务包括学习目标（知识目标、技能目标、素养目标）、任务描述、相关知识、学习任务单、任务实施、工作任务单和评分细则七部分。任务实施、工作任务单和评分细则几乎涵盖了职业技能等级汽车动力与驱动系统综合分析技术初级证书中汽车驱动系统部分考核标准所要求的技能点。

本书选用了大量的图片，采用四色印刷，在书中植入了二维码，读者用智能手机进行扫描，便可显示相关的多媒体内容，方便读者理解相关知识，以便更深入地学习。

本书内容新颖全面、图文并茂、通俗易懂、易学好教，既可作为职业院校汽车类专业学生的教材，也可作为职业技能培训教材和相关专业人员的参考书。

为了方便教学，本书配有电子课件、学习任务单答案、工作任务单答案等资源，凡选用本书作为授课教材的教师均可登录机械工业出版社教育服务网（www.cmpedu.com），以教师身份注册后免费下载，或咨询相关编辑，编辑 QQ：72916363。

图书在版编目（CIP）数据

汽车传动系统检查与维护 / 刘冬生，袁涛生，钟小舟主编. —北京：机械工业出版社，2022.11（2024.12重印）

ISBN 978-7-111-71789-8

Ⅰ. ①汽…　Ⅱ. ①刘…②袁…③钟…　Ⅲ. ①汽车—传动系—车辆检修—职业教育—教材　Ⅳ. ①U472.41

中国版本图书馆CIP数据核字（2022）第189587号

机械工业出版社（北京市百万庄大街22号　邮政编码100037）
策划编辑：师　哲　　　　责任编辑：师　哲
责任校对：李　杉　张　征　封面设计：张　静
责任印制：单爱军
北京虎彩文化传播有限公司印刷
2024年12月第1版第2次印刷
210mm × 285mm · 10印张 · 187千字
标准书号：ISBN 978-7-111-71789-8
定价：44.00元

电话服务	网络服务
客服电话：010-88361066	机　工　官　网：www.cmpbook.com
010-88379833	机　工　官　博：weibo.com/cmp1952
010-68326294	金　　书　　网：www.golden-book.com
封底无防伪标均为盗版	机工教育服务网：www.cmpedu.com

前 言

本书根据职业院校的教学特点，以提高学习者的职业能力和职业素养为宗旨，倡导以学生为本的教育理念，在进行广泛的企业、行业调研的基础上编写而成。同时，本书把行业能力标准作为课程教学目标和鉴定标准，按照行业能力要求组织教学内容。本书充分体现了一体化的职业教育理念，贯穿“工作过程系统化”的项目课程开发思想，针对职业院校学生的学习特征设计教学活动。学生通过完成任务描述所布置的任务掌握必需的理论知识，再通过任务实施有步骤地解决任务描述中的问题，进而逐步具备综合的职业能力。

本书坚持“以服务为宗旨，以就业为导向”的办学思想，突出了职业技能教育的特色。本书的主要特点如下：

1. 本书采用项目式编写模式，分为手动变速传动系统的检查与维护、液力自动变速系统的检查与维护、无级变速系统的检查与维护、双离合器变速系统的检查与维护四个项目，每个项目包含若干个任务。每个任务按照学习目标、任务描述、相关知识、学习任务单、任务实施、工作任务单和评分细则进行教学。

2. 本书按照汽车专业领域职业技能等级证书汽车运用与维修职业技能考核（初级）培训方案准则进行编写，是“岗课赛证”综合育人理念教材的尝试。

3. 本书坚持理论与实践、知识学习与技能训练一体化，贯彻“做中学、学中做”的职教理念，强调实践与理论的有机统一。技能上力求满足企业用工的需要，理论上做到适度、够用。

4. 本书坚持过程评价和成果评价相结合，即对学生在学习每个任务过程中的表现和最后的实训成果进行评价。评价要求明确、直观、实用，可操作性强，可以很好地调动学生的学习积极性。

本书由刘冬生、袁涛生、钟小舟担任主编，卢运海、李虹瑾、谢善东担任副主编。参与本书编写的还有莫肖强、符永恒、曾多子、莫禄金、陆晓平、符瑞满、陈泽润、周德坤、符策大、陈球赛。本书由王菲主审。

本书在编写过程中参考了相关的文献、汽车维修手册和相关培训资料，谨在此向其作者及资料提供者表示诚挚的谢意。

由于编者水平有限，书中难免存在不妥之处，敬请广大读者和专家批评、指正。

编 者

二维码索引

序号	二维码	名称	页码	序号	二维码	名称	页码
1		离合器的检修	11	6		手动变速器的安装	34
2		手动变速器油的排放	29	7		更换传动轴	45
3		手动变速器油的加注	29	8		更换后桥齿轮油	60
4		手动变速器的分解	30	9		自动变速器油的更换	82
5		手动变速器的检修	32	10		自动变速器油油压测量	117

目 录

前言

二维码索引

项目一　手动变速传动系统的检查与维护……1

任务一　离合器的检查与维护……2

任务二　手动变速系统的检查与维护……16

任务三　万向传动装置的检查与维护……37

任务四　后驱传动系统的检查与维护……52

项目二　液力自动变速系统的检查与维护……67

任务一　自动变速器液压系统的检查与维护……68

任务二　自动变速器的检查与维护……92

项目三　无级变速系统的检查与维护……121

任务　无级变速器的检查与维护……122

项目四　双离合器变速系统的检查与维护……135

任务　双离合器自动变速器的检查与维护……136

参考文献……154

项目一 / Project 1

手动变速传动系统的检查与维护

任务一

离合器的检查与维护

学习目标

知识目标

1）掌握离合器的功用与组成。

2）掌握离合器的工作原理。

技能目标

1）具有检查与维护离合器系统各部件的能力。

2）具有对离合器液压系统进行排气与调整作业的能力。

素养目标

1）能够在工作过程中与小组其他成员合作、交流，养成团队合作意识，锻炼沟通能力。

2）养成 7S 工作习惯。

3）养成服从管理、规范作业的良好工作习惯。

随堂笔记

任务描述

一位大众捷达轿车的用户反映：踩离合器挂入低速档时，变速器经常发出“咔咔”的响声。请你对离合器进行检查，确定故障部位并进行修理。

相关知识

一、离合器的功用

离合器是汽车传动系统的重要组成部分，安装在发动机与变速器之间，如图 1-1 所示，其功用如下：

1）保证汽车起步时发动机与传动系统柔顺地接合，转矩的传递逐渐增加，以保证起步平稳。

2）进行档位切换时，发动机与传动系统可以迅速、彻底地分离，减少变速齿轮之间的冲击，保证换档平顺。

3）汽车紧急制动时，发动机的动力与汽车外力通过离合器摩擦副产生一定的滑移，能够减少传动系统零部件的受力，以免因传动系统过载而损坏零部件。

二、离合器的组成

离合器主要由飞轮、离合器压盘、离合器从动盘和离合器操纵机构四部分组成，如图 1-2 所示。

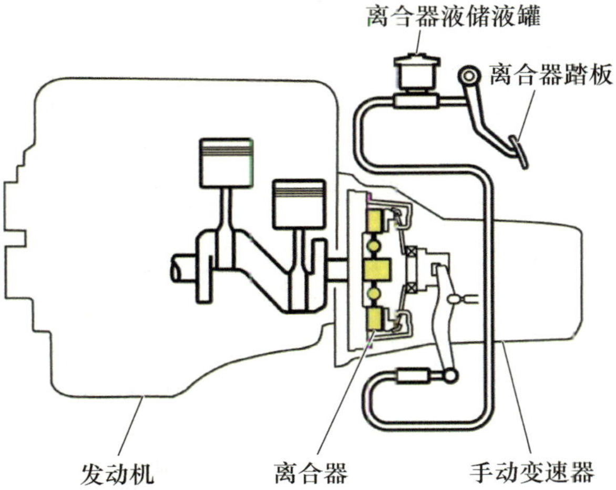

图 1-1　离合器的安装位置

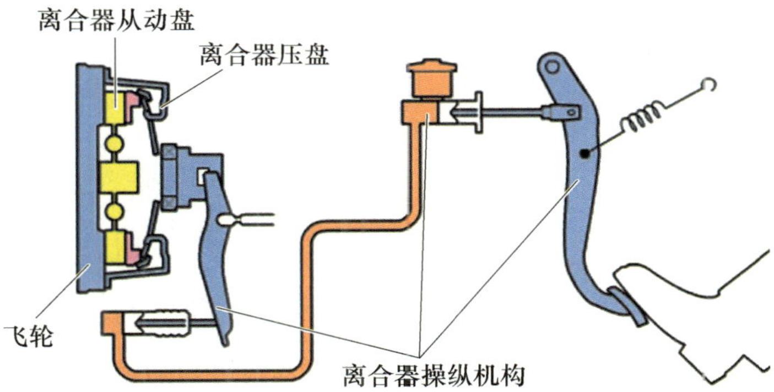

图 1-2　离合器的组成

随堂笔记

飞轮用螺栓与发动机由轴固定在一起，离合器压盘通过螺栓固定在飞轮后端面上，压盘将从动盘压紧在飞轮端面上，这样，只要发动机旋转，发动机发出的动力就可经飞轮、离合器压盘传递给离合器从动盘。

1. 离合器压盘

离合器压盘的作用是压紧或不压紧离合器从动盘，压紧即离合器接合，传递动力；不压紧即离合器分离，中断动力的传递。

离合器压盘总成按结构的不同分为膜片弹簧式（图 1-3）和周布弹簧式（图 1-4）两种。其中，膜片弹簧式离合器压盘在轿车中使用较多。

图 1-3　膜片弹簧式离合器压盘

膜片弹簧式离合器压盘主要由离合器盖，膜片弹簧，前、后支撑环，传动片和压盘等组成，如图 1-5 所示。离合器盖通过螺栓固定在飞轮上，为了保持正确的安装位置，离合器盖通过定位销进行定位。压盘与离合器盖之间通过三组或四组传动片来传递转矩。传动片用弹簧钢片制成，每组两片，一端用铆钉铆在离合器盖上，另一端用螺钉连接在压盘上。膜片弹簧的径向开有若干切槽，形成弹性杠杆，前、后支撑环是膜片弹簧工作时的支点。

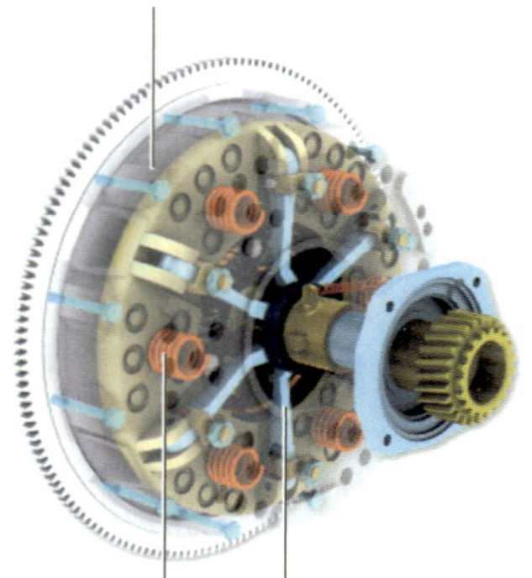

图 1-4　周布弹簧式离合器压盘

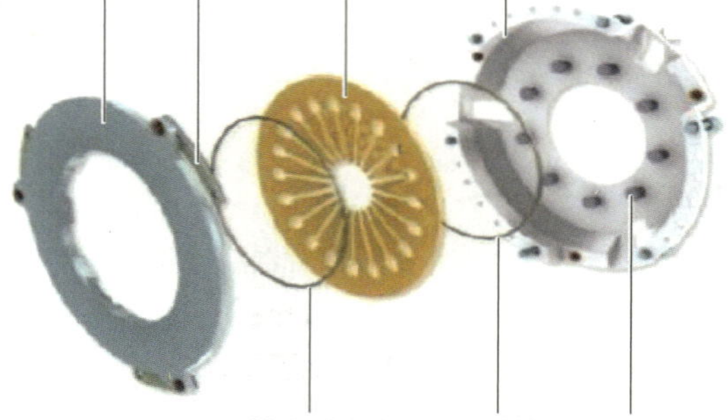

图 1-5　膜片弹簧式离合器压盘的结构

2. 离合器从动盘

离合器从动盘的作用是通过摩擦作用将动力传递到变速器输入轴，它的双面都装有摩擦片，前、后摩擦片分别通过铆钉铆接在波形弹性片上。为了减轻传动系统的扭转振动，从动盘中间有扭转减振器。离合器从动盘的结构如图 1-6 所示。

随堂笔记

离合器从动盘在离合器正常接合时被离合器压盘紧压在飞轮上；中间通过从动盘毂内花键安装在手动变速器的输入轴上（一轴），输入轴前端通过轴承支撑在曲轴后端中心的孔中，后端支撑在变速器壳体上。

图 1-6　离合器从动盘的结构

3. 离合器操纵机构

离合器操纵机构主要有机械式和液压式（图 1-7）两种类型。其中，液压式离合器操纵机构在现代汽车中在用较多，其结构主要由离合器踏板、推杆、离合器主缸、离合器工作缸、拨叉和分离轴承等组成。

（1）离合器主缸　离合器主缸俗称离合器总泵，其作用是将离合器踏板的机械推力转变为液压油的压力，然后通过管路传递到工作缸。

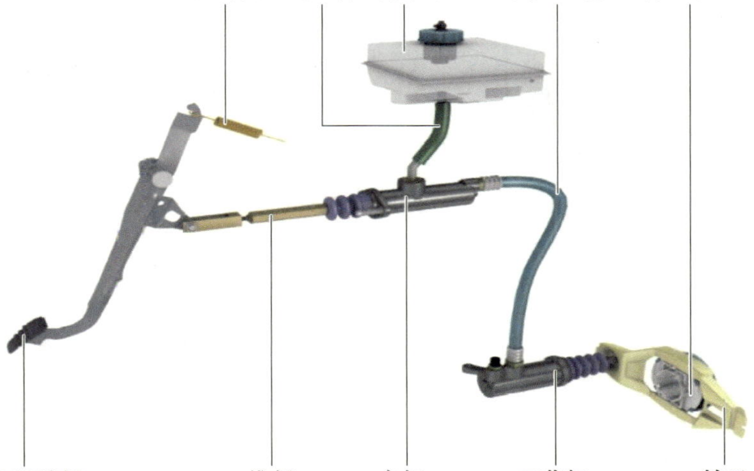

图 1-7　液压式离合器操纵机构

离合器主缸主要由储液罐、主缸、活塞、橡胶碗和回位弹簧等组成，如图 1-8 所示。

储液罐一般直接安装在制动主缸上，采用的液压油为制动液，有些车型的储液罐与制动系统共用。

随堂笔记

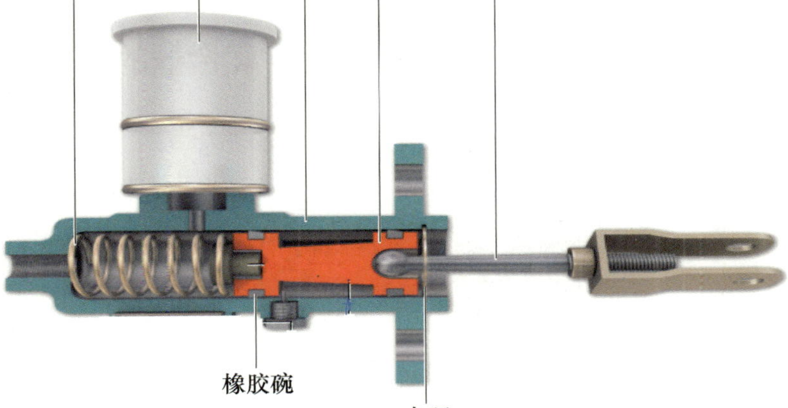

图 1-8　离合器主缸的结构

（2）离合器工作缸　离合器工作缸俗称离合器分泵，其作用是将液压油的压力转变为机械的推力，推动离合器拨叉和分离轴承。工作缸主要由缸体、回位弹簧、橡胶碗和活塞等组成，如图 1-9 所示。

（3）拨叉与分离轴承　拨叉的一端与离合器工作缸相连，另一端连接到分离轴承的后端，中间通过支点支撑在变速器壳体上，如图 1-10 所示。

随堂笔记

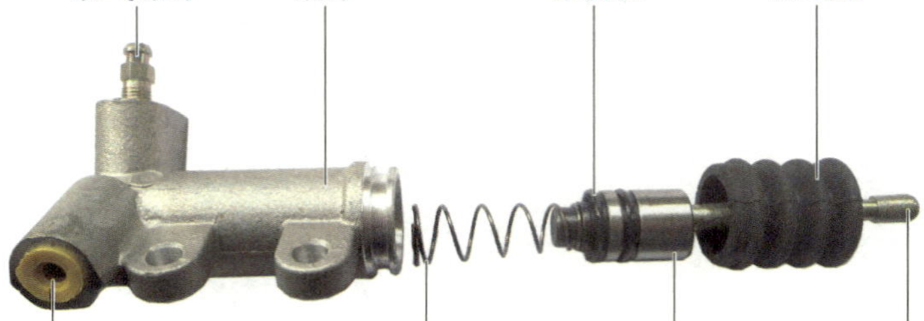

图 1-9　离合器工作缸的组成

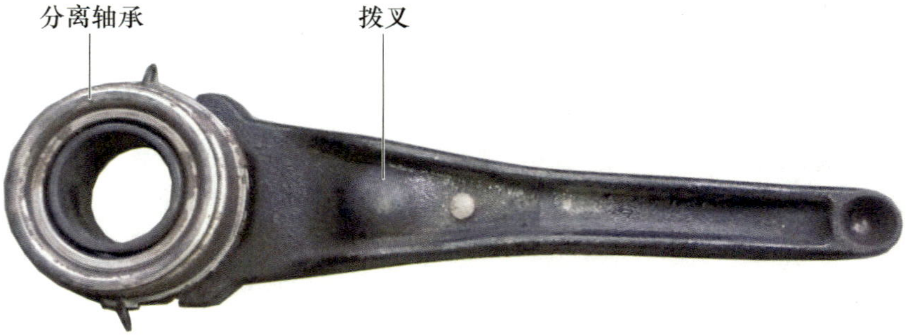

图 1-10　离合器拨叉与分离轴承

当未踩下离合器踏板时，分离轴承与离合器压盘的膜片弹簧之间保持一定的间隙，该间隙反映到离合器踏板上形成离合器踏板的自由行程。当踩下离合器踏板时，分离轴承与高速旋转的离合器压盘接触并随之转动，直到松开离合器踏板。

三、离合器的工作原理

1. 接合状态

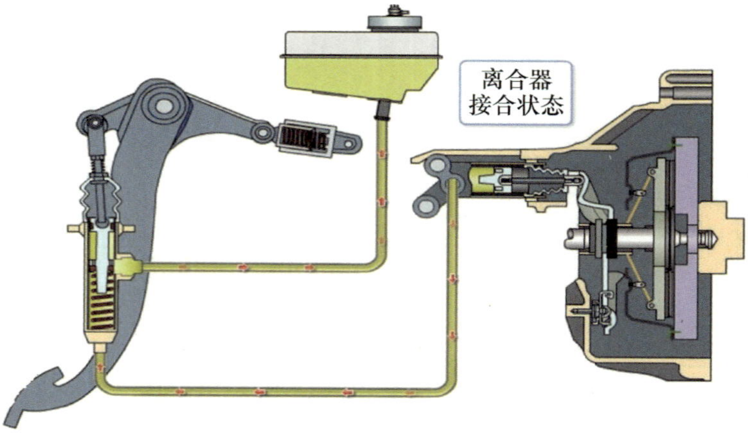

图 1-11　离合器接合状态

此时驾驶人未踩离合器踏板，操纵机构各部件在回位弹簧的作用下回到图 1-11 所示的各自位置，离合器压盘的杠杆与分离轴承之间保持一定的间隙，膜片弹簧将飞轮、从动盘和压盘三者压紧在一起，发动机的转矩经过飞轮及压盘通过从动盘两摩擦面的摩擦作用传递给从动盘，再由变速器输入轴输入变速器。

2. 分离过程

当驾驶人踩下离合器踏板时，挺杆推动主缸活塞向下移动，油液压力升高，工作缸活塞右移，推动拨叉和分离轴承先消除分离轴承与压盘膜片弹簧之间的间隙，

随堂笔记

然后推动膜片弹簧内端右移，使膜片弹簧带动压盘向左移，离合器的主、从动部分分离，摩擦作用消失，动力传递中断，如图 1-12 所示。

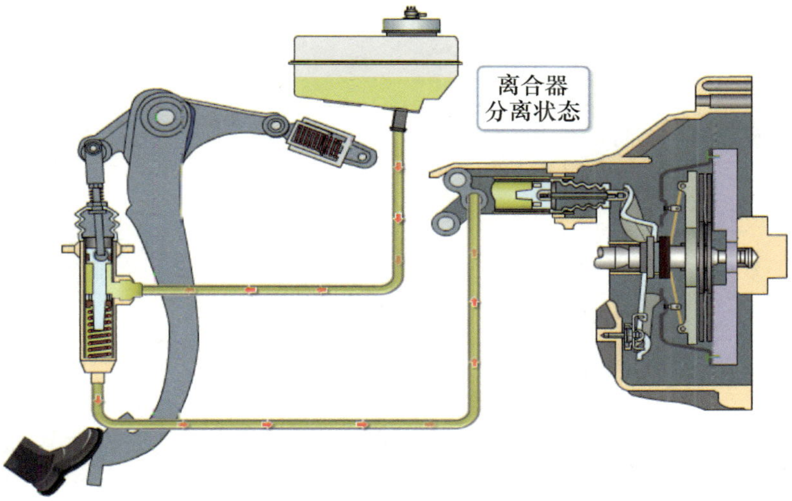

图 1-12　离合器分离状态

3. 接合过程

当换档完成，驾驶人缓慢抬起离合器踏板时，踏板在回位弹簧的作用下回位，主缸活塞回位，油液压力下降，工作缸中的活塞回位，在膜片弹簧的作用下，压盘向右移动并逐渐压紧从动盘，使接触面间的压力逐渐增加，摩擦力矩也逐渐增加。当飞轮、压盘和从动盘之间接合还不紧密时，所能传递的摩擦力矩较小，离合器的主、从动部分有转速差，离合器处于打滑状态；如果离合器踏板继续抬起，飞轮、压盘和从动盘之间的压紧程度逐渐紧密，主、从动部分的转速也渐趋相等，直到离合器完全接合而停止打滑，接合过程结束。

四、离合器的自由间隙及自由行程

离合器处于接合状态时，膜片弹簧内端与分离轴承之间预留的间隙，称为离合器的自由间隙。踩下离合器踏板时，首先必须消除这一间隙，然后才能开始分离离合器。为了消除这一间隙所需的离合器踏板行程称为离合器踏板的自由行程，如图 1-13 所示。

从动盘摩擦片经使用磨损后，离合器的自由间隙及自由行程会变小，应及时调整。否则，将造成离合器容易打滑。

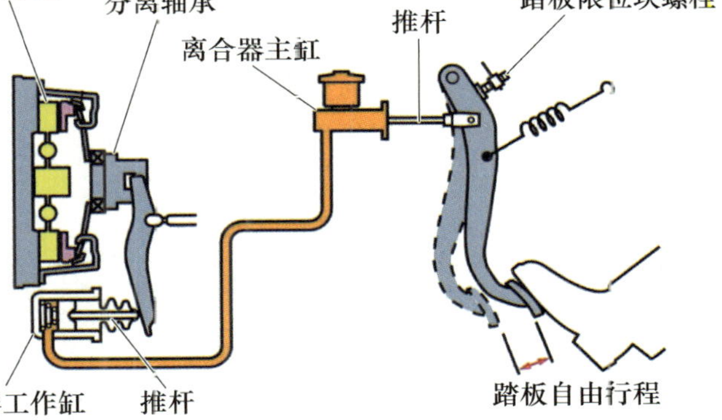

图 1-13　离合器踏板的自由行程

离合器的检查与维护	学习任务单	班级：
		姓名：

1. 离合器安装在____________与变速器之间，它的作用是保证汽车起步平稳，进行档位切换时切断发动机的动力传递，还能防止传动系统过载。

2. 离合器主要由飞轮、________________、________________和离合器操纵机构四部分组成。

3. 写出下图中零部件的名称。

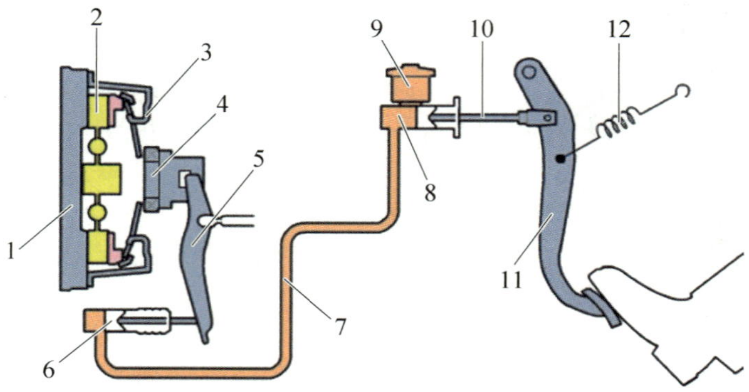

随堂笔记

1. ____________ 2. ____________ 3. ____________ 4. ____________

5. ____________ 6. ____________ 7. ____________ 8. ____________

9. ____________ 10. ____________ 11. ____________ 12.____________

4. 离合器压盘的作用是压紧或不压紧离合器从动盘，压紧即离合器____________，传递动力；不压紧即离合器____________，中断动力的传递。

5. 离合器压盘按结构的不同分为____________________式和周布弹簧式两种。

6. 离合器从动盘的作用是通过____________作用将动力传递到变速器输入轴，它的双面都装有摩擦片，前、后摩擦片分别通过铆钉铆接在波形弹性片上。

7. 离合器处于接合状态时，膜片弹簧内端与分离轴承之间预留的间隙，称为离合器的自由间隙。踩下离合器踏板时，首先必须消除这一间隙，然后才能开始分离离合器。为了消除这一间隙所需的离合器踏板行程称为离合器踏板的____________。

任务实施

实训器材

大众捷达轿车、制动液、常用维修工具和维修手册等。

作业准备

1）将车辆在工位停放周正。

2）铺好车内和车外护套。

操作步骤

一、离合器液压系统的检查与维护

1. 液压管路泄漏的检查

1）检查离合器储液罐液位是否正常。如果过低，则需进行加注。

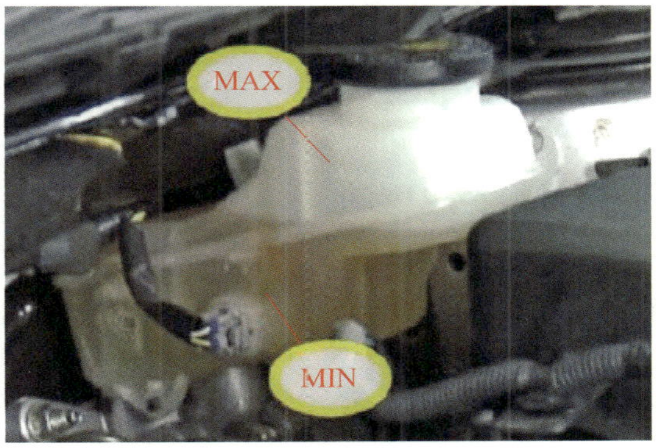

2）检查离合器主缸是否有泄漏。

3）检查离合器液压管路是否有泄漏。

4）检查离合器工作缸是否有泄漏。

2. 离合器管路油中空气的排放

连续踩离合器踏板，如果感觉软绵绵的，则可能是液压系统中有空气，需要进行液压系统放气。离合器液压系统排放空气的步骤如下：

1）拆下离合器分泵放气螺塞盖。

2）将塑料透明管连接至放气螺塞上。

3）踩下离合器踏板数次并在踩下踏板时松开放气螺塞。

4）当离合器油液不外流时，拧紧放气螺塞，再松开离合器踏板。

5）重复前两步操作，直到从塑料透明管流出的离合器油液无气泡为止，然后用干净的抹布清洁放气螺塞。

情智知识

兢兢业业，一勤天下无难事

古语有云：“一勤天下无难事”。大凡真正出色的“工匠”，都是勤劳、敬业的人，他们对工作一丝不苟、精益求精。他们之所以在自己平凡的岗位上创造辉煌，并不是因为他们天生就技高一筹或聪明过人，而是在于他们能够勤于劳动、善于思考及钻研、执着、坚守，从而铸就了他们的辉煌。

随堂笔记

6）拧紧放气螺塞。

7）安装放气螺塞盖。

二、离合器踏板的检查与调整

1. 离合器踏板的检查

1）连续多次踩离合器踏板，应无卡滞、松旷、异响和软绵绵的感觉等异常现象。

2）使用钢直尺垂直于地板测量此时离合器踏板的高度，将测量值与维修手册中的标准值进行比较。如果测量值不符合规定，则需要进行调整。

随堂笔记

3）用手指轻轻按压离合器踏板，当感到按压阻力明显增大时停止按压，记录此时离合器踏板的高度。

4）放松离合器踏板，测量此时踏板的高度值。前后两次测量的高度差为离合器踏板的自由行程，记录此数值并将其与维修手册规定的标准数值对比。如果记录数值不在规定范围内，则需要调整离合器踏板的自由行程。

2. 离合器踏板的调整

（1）调整离合器踏板的高度　使用呆扳手先松开离合器踏板高度调节螺钉的锁紧螺母，再转动离合器踏板高度调节螺钉，以调节离合器踏板的高度。再次测量离合器踏板的高度，保证所测数值在规定范围内。

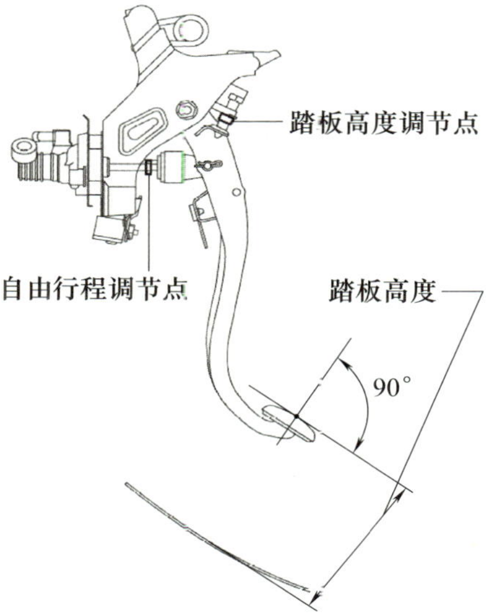

（2）调整离合器踏板的自由行程 使用呆扳手先松开离合器踏板推杆锁紧螺母，再转动离合器踏板推杆，调节离合器踏板的自由行程。再次测量离合器踏板的自由行程，保证所测数值在规定范围内。

三、离合器总成的拆装与检查

1. 离合器总成的拆卸

扫一扫

离合器的检修

就车拆卸离合器时，要先拆卸变速器总成，再拆卸离合器总成。

1）在离合器压盘和飞轮上做好装配标记。

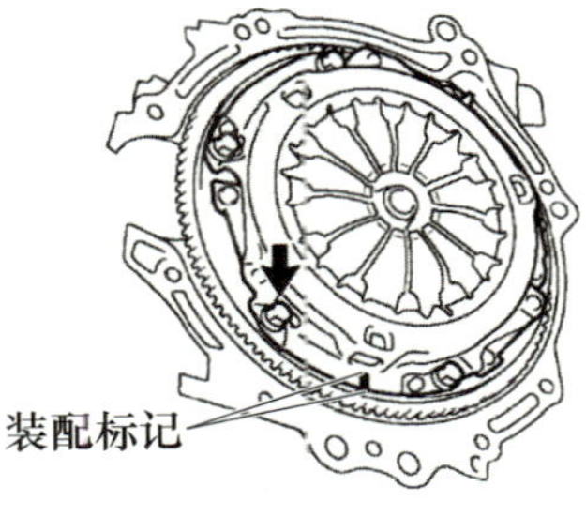

2）选用合适的工具每次将离合器压盘各固定螺栓拧松一圈，直至弹簧张力被完全释放。

3）拆下离合器压盘所有的固定螺栓，取下离合器压盘和从动盘。

2. 飞轮的检查

1）检查飞轮是否有裂纹或严重磨损。如果有，则更换飞轮总成。

2）用百分表测量飞轮工作面的径向圆跳动，最大径向圆跳动量应为0.1mm。如果有必要，则更换飞轮总成。

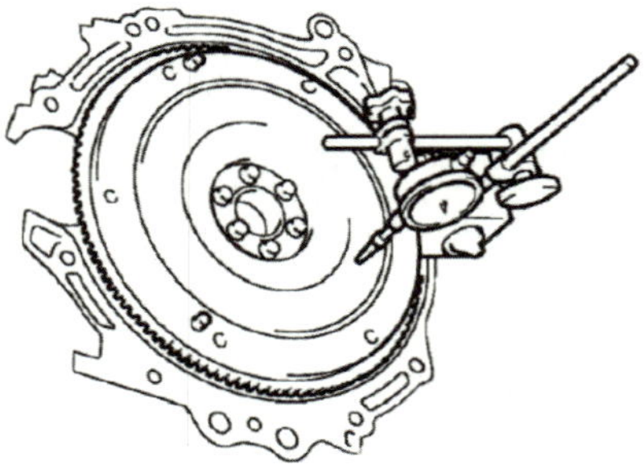

3. 从动盘的检查

1）检查从动盘是否变形。如果有，则更换。

2）检查扭转减振弹簧是否松动。如果有，则更换。

3）检查摩擦片表面是否有油污或被烧蚀，摩擦片磨损是否均匀。

4）用游标卡尺测量铆钉头深度，最小铆钉深度应为0.3mm。如果有必要，则更换离合器从动盘总成。

随堂笔记

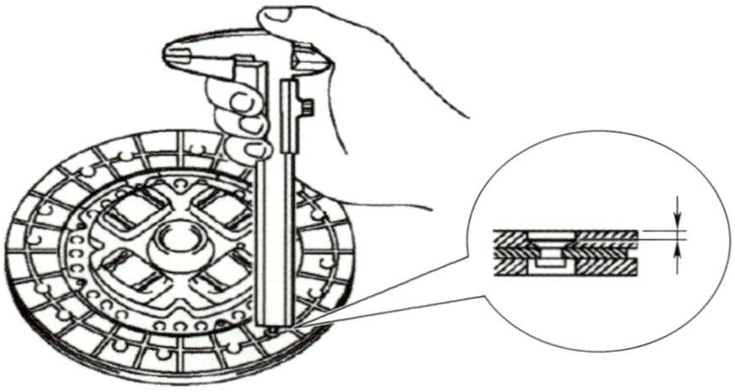

4. 离合器压盘的检查

1）检查离合器压盘盖是否有裂纹或损坏。如果有，则应进行更换。

2）检查压盘面是否有裂纹、烧蚀，磨损是否均匀。

3）使用钢直尺和塞尺测量压盘面是否变形，平面度误差应不超过0.12mm。若超标，则应更换压盘总成。

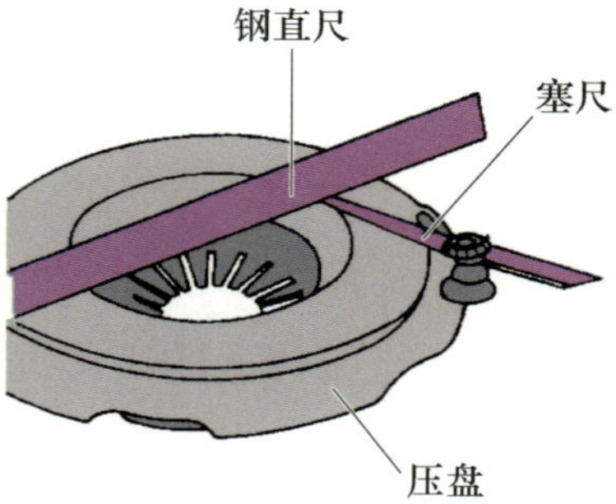

4）使用游标卡尺测量膜片弹簧头部磨损的深度和宽度。如超过规定值，则应更换离合器压盘总成。

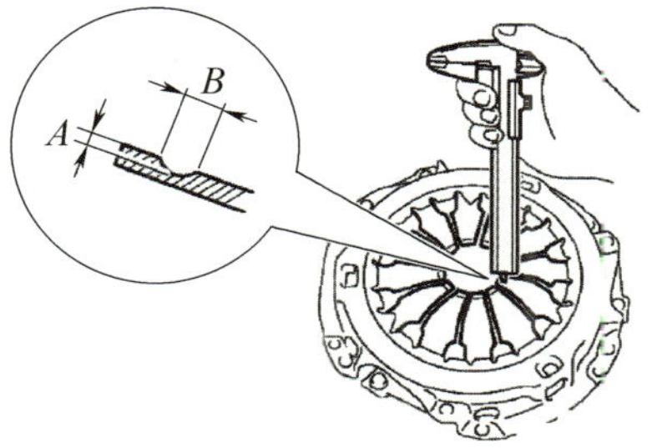

A	B
0.5mm	0.6mm

5. 分离轴承的检查

1）从变速器前壳体上拆下离合器分离轴承和拨叉，然后从拨叉上拆下分离轴承和卡子。

2）旋转离合器分离轴承总成的滑动部件（与离合器膜片弹簧的接触面），检查并确认离合器分离轴承总成移动平稳且无异常阻力和异响。

3）检查离合器分离轴承总成是否损坏或磨损。如果有必要，则更换分离轴承总成。

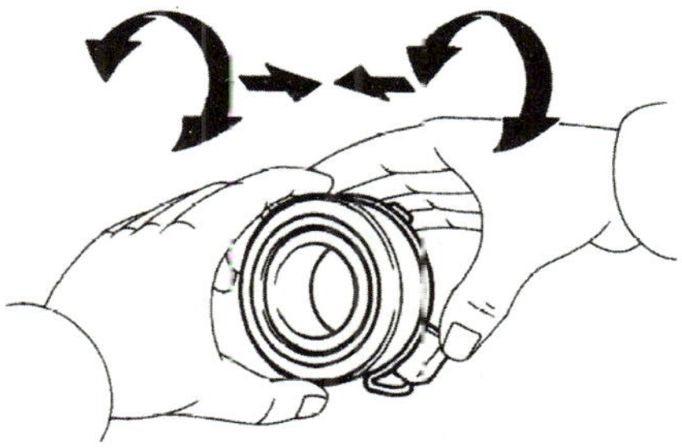

随堂笔记

6. 离合器总成的安装

1）确认离合器从动盘的安装方向，将从动盘与压盘组合到一起。

2）将专用工具或变速器一轴插入离合器压盘和从动盘内，然后将它们一起插入安装到飞轮上。

3）将离合器压盘上的装配标记和飞轮上的装配标记对准。

4）使用扭力扳手按规定的力矩按照下图所示的顺序，从位于顶部锁销附近的螺栓开始，依次拧紧6个螺栓。

5）拔出专用工具或变速器一轴。

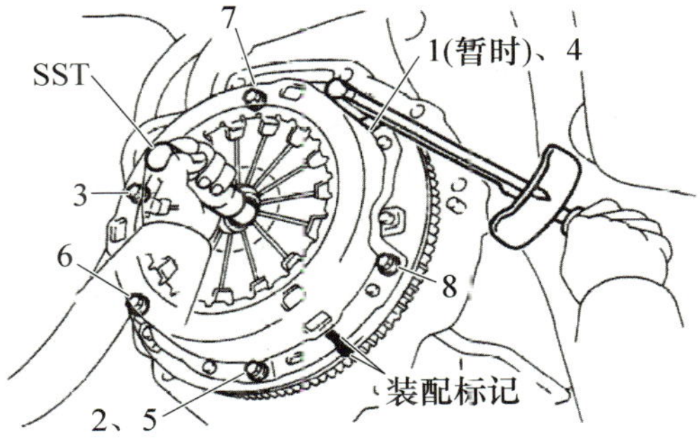

随堂笔记

离合器的检查与维护	工作任务单	班级： 姓名：

一、车辆信息记录

品牌		整车型号		生产年月	
发动机型号		发动机排量		行驶里程	
车辆识别代号					

二、离合器液位的检查与调整

检查项目	检查情况		维修措施
离合器液位			调整□ 维修□ 更换□
液压管路	破损□ 变形□ 老化□ 松动□ 泄漏□ 正常□		调整□ 维修□ 更换□
离合器主缸	破损□ 变形□ 老化□ 松动□ 泄漏□ 正常□		调整□ 维修□ 更换□
离合器工作缸	破损□ 变形□ 老化□ 松动□ 泄漏□ 正常□		调整□ 维修□ 更换□
离合器管路油中空气的排放	排放前：	异常□ 正常□	调整□ 维修□ 更换□
	排放后：	异常□ 正常□	

三、离合器踏板的检查与调整

检查项目	记录	规格	判定
离合器踏板的高度	调整前： mm		异常□ 正常□
	调整后： mm		
离合器踏板的自由行程	调整前： mm		异常□ 正常□
	调整后： mm		

四、离合器总成的拆装与检查

做装配标记	已执行□ 否□
拆卸离合器总成	已执行□ 否□

检查项目	记录	规格	维修措施
飞轮	外观：		调整□ 维修□ 更换□
	跳动量： mm		
从动盘	外观：		调整□ 维修□ 更换□
	铆钉深度： mm		
压盘	外观：		调整□ 维修□ 更换□
	平面度： mm		
膜片弹簧	外观：		调整□ 维修□ 更换□
	深度： mm		
	宽度： mm		
分离轴承	异响□ 卡滞□ 松动□ 正常□		调整□ 维修□ 更换□

离合器的检查与维护				实习日期：			
姓名：		班级：		学号：		教师签名：	
自评：□熟练　□不熟练		互评：□熟练　□不熟练		师评：□合格　□不合格			
日期：		日期：		日期：			
离合器的检查与维护【评分细则】							
序号	评分项	得分条件	分值	评分要求	自评	互评	师评
1	安全 / 7S/ 态度	□ 1. 能进行工位 7S 操作 □ 2. 能进行设备和工具安全检查 □ 3. 能进行车辆安全防护操作 □ 4. 能进行工具清洁、校准、存放操作 □ 5. 能进行三不落地操作	15 分	未完成 1 项扣 3 分	□熟练 □不熟练	□熟练 □不熟练	□合格 □不合格
2	专业技能能力	作业 1 □ 1. 能正确地检查离合器液位并进行调整 □ 2. 能正确地检查离合器主缸 □ 3. 能正确地检查管路 □ 4. 能正确地检查离合器工作缸 □ 5. 能正确地检查液压系统中是否有空气 □ 6. 能正确地给液压系统排空气 作业 2 □ 1. 能正确地测量离合器踏板高度 □ 2. 能正确地测量离合器踏板自由行程 □ 3. 能正确地调整离合器踏板高度 □ 4. 能正确地调整离合器踏板自由行程 作业 3 □ 1. 能正确地分离手动变速器与发动机 □ 2. 能正确地拆卸离合器总成 □ 3. 能正确地拆卸压盘和摩擦片 □ 4. 能正确地检查、测量飞轮 □ 5. 能正确地检查、测量压盘 □ 6. 能正确地检查、测量摩擦片 □ 7. 能正确地检查、测量膜片弹簧 □ 8. 能正确地检查分离轴承	50 分	未完成 1 项扣 3 分，扣分不得超过 50 分	□熟练 □不熟练	□熟练 □不熟练	□合格 □不合格
3	工具及设备的使用能力	□ 1. 能正确地使用维修工具 □ 2. 能正确地使用空气排放设备 □ 3. 能正确地使用量具 □ 4. 能正确地使用预紧式扭力扳手	10 分	未完成 1 项扣 3 分，扣分不得超过 10 分	□熟练 □不熟练	□熟练 □不熟练	□合格 □不合格
4	资料、信息查询能力	□ 1. 能正确地使用维修手册查询资料 □ 2. 能正确地记录查询资料章节及页码 □ 3. 能正确地记录所需维修信息	10 分	未完成 1 项扣 3 分	□熟练 □不熟练	□熟练 □不熟练	□合格 □不合格
5	数据判断和分析能力	□ 1. 能判断离合器液位是否正常 □ 2. 能判断液压系统是否泄漏 □ 3. 能判断液压系统是否有空气 □ 4. 能判断离合器踏板是否正常 □ 5. 能判断离合器总成是否正常	10 分	未完成 1 项扣 3 分，扣分不得超过 10 分	□熟练 □不熟练	□熟练 □不熟练	□合格 □不合格
6	表单填写和报告撰写能力	□ 1. 字迹清晰 □ 2. 语句通顺 □ 3. 无错别字 □ 4. 无涂改 □ 5. 无抄袭	5 分	未完成 1 项扣 1 分	□熟练 □不熟练	□熟练 □不熟练	□合格 □不合格
总分：							

随堂笔记

任务二

手动变速系统的检查与维护

学习目标

知识目标

1）掌握变速器的功用、类型与组成。

2）掌握变速器的动力传递过程。

技能目标

1）具有进行手动变速器油液的检查和更换的能力。

2）具有拆装手动变速器的能力。

3）具有检查手动变速器各部件的能力。

素养目标

随堂笔记

1）能够在工作过程中与小组其他成员合作、交流，养成团队合作意识，锻炼沟通能力。

2）养成 7S 工作习惯。

3）养成服从管理、规范作业的良好工作习惯。

任务描述

一辆大众捷达轿车用户反映：变速器油达到了更换周期。请你对变速器油液进行更换。

相关知识

一、变速器的功用

变速器操纵机构保证驾驶人准确而可靠地挂入所需要的任意档位工作，并随时使之退到空档，如图 1-14 所示。具体功用如下：

1. 实现变速、变矩

汽车上所应用的发动机具有转矩变化范围小和转速高的特点，这与汽车实际的行驶状况是不相适应的。如果没有变速器而直接将发动机与驱动桥连接在一起，首

随堂笔记

先由于发动机的转矩小，不能克服汽车的行驶阻力，使汽车根本无法起步；其次即使汽车能够行驶，也会由于车速太高而不实用，甚至无法驾控。所以必须改变发动机的转矩、转速特性，使发动机的转矩增大、转速下降，以适应汽车实际行驶的要求。变速器可通过不同的档位来实现这一功用。

图 1-14　变速器的功用

2. 实现倒车

发动机的旋转方向从前往后看一般为顺时针方向，而且是不能改变的。为了实现汽车的倒向行驶，变速器中设置了倒档。

3. 实现动力传递中断

在发动机起动、怠速运转、变速器换档、汽车滑行和暂时停车等情况下，都需要中断发动机的动力传递，为此变速器中设有空档。

二、变速器的类型

现代汽车上所采用的变速器有多种结构形式，一般可以按照传动比和操纵方式进行分类。

1. 按传动比的变化方式分类

变速器按传动比的变化方式可分为有级式、无级式和综合式三种。

（1）有级式变速器　有级式变速器采用齿轮传动，具有若干个定值传动比。轿车和轻、中型货车的变速器多采用 5~6 个前进栏和一个倒档，每个档位对应一个传动比。重型汽车行驶的路况复杂，变速器的档位较多，可有 8~20 个档位。

有级式变速器具有结构简单、易于制造、工作可靠、传动效率高等优点。

注意事项：

变速器的档数都是指前进档的个数，如上海桑塔纳 2000 轿车采用的是五档手动变速器，是指其具有五个前进档。

有级变速器按照结构的不同可以分为二轴式和三轴式变速器。二轴式变速器广泛用于发动机前置前轮驱动的轿车，三轴式变速器可应用于其他各类型车辆。

（2）无级式变速器　无级式变速器（CVT）的传动比的变化是连续的。目前的无级变速器一般都是采用金属带传递动力的，通过主、从动带轮直径的变化实现无级变速。无级式变速器在中、高级轿车中的应用越来越多。

（3）综合式变速器　综合式变速器是由液力变矩器和有级齿轮式变速器组成的，一般都由计算机来实现自动换档，所以多把这种变速器称为自动变速器。这种变速器的传动比可在最大值与最小值之间的几个间断的范围内做无级变化，目前在中、高级轿车上应用较多。

2. 按变速器操纵方式分类

变速器按其操纵方式可分为手动变速器、自动变速器和手动自动一体变速器三种。

（1）手动变速器　手动变速器（MT）如图 1-15 所示，它通过驾驶人用手操纵变速杆来选定档位，并直接操纵变速器的换档机构进行档位变换。齿轮式有级变速器大多数都采用这种换档方式。

（2）自动变速器　自动变速器（AT）如图 1-16 所示，它的自动控制系统可根据发动机的负荷和车速的变化情况自动地选定档位并进行档位变换，即自动地改变传动比。驾驶人只需要操纵加速踏板控制车速即可。

（3）手动自动一体变速器　手动自动一体变速器可以自动换档，也可以手动换档。目前，手动自动一体变速器在中、高级轿车上使用较普遍。

随堂笔记

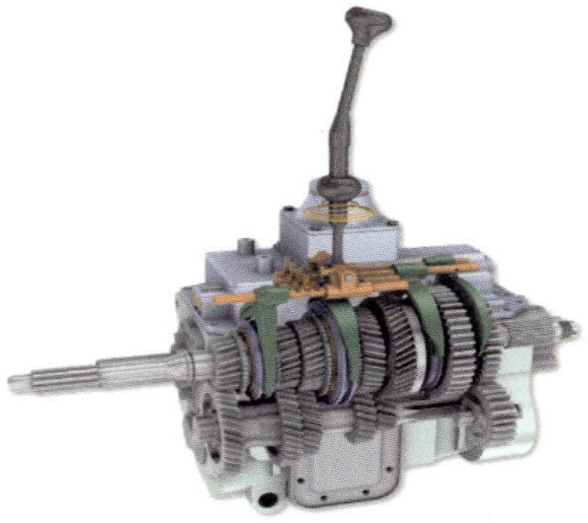

图 1-15　手动变速器

图 1-16　自动变速器

三、普通齿轮传动的基本原理

普通齿轮变速器是利用不同齿数的齿轮啮合传动来实现转矩和转速改变的。一对齿数不同的齿轮啮合传动时可以实现变速，而且两齿轮的转速比与其齿数成反比。

如图 1-17 所示，当小齿轮为主动齿轮，带动大齿轮转动时，输出转速降低，称为减速传动，此时传动比 $i>1$；当大齿轮驱动小齿轮时，输出转速升高，称为增速传

随堂笔记

动，此时传动比 $i<1$，这就是齿轮传动的变速原理。汽车变速器就是根据这一原理利用若干大小不同的齿轮副传动而实现变速的。当在主动齿轮和从动齿轮之间加一个中间齿轮传动时，就能改变传递的方向，从而形成倒档。

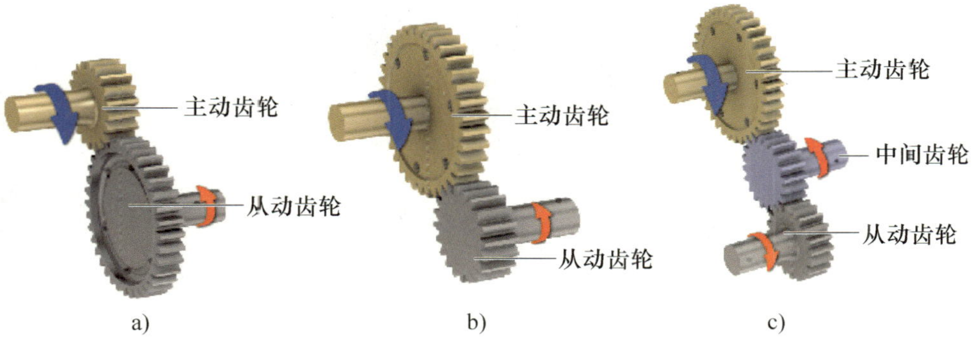

图 1-17　齿轮传动的基本原理

a）减速传动　b）增速传动　c）变向传动

四、手动变速器的组成

手动变速器主要由齿轮变速传动部分、换档操纵机构和壳体等组成，如图 1-18 所示。

1. 齿轮变速传动部分

（1）齿轮变速传动部分的类型　齿轮变速传动部分按结构的不同，可分为两轴式（图 1-19）和三轴式（图 1-20）。

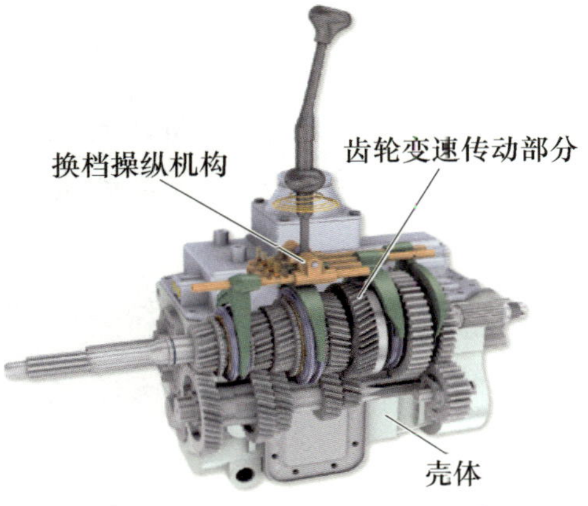

图 1-18　手动变速器的组成

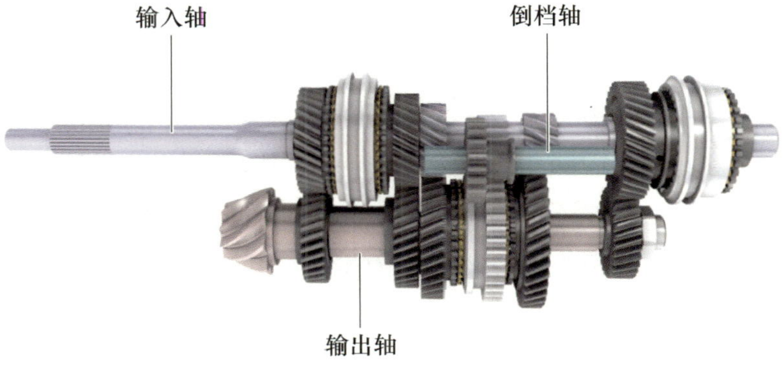

图 1-19　两轴式齿轮传动

（2）齿轮变速传动部分的组成　两轴式齿轮传动部分主要由输入轴总成、输出轴总成和倒档轴总成等组成。

1）输入轴总成。两轴式齿轮变速传动部分的输入轴总成主要由带一档和二档主动齿轮的输入轴、三档主动齿轮、四档主动齿轮、五档主动齿轮、三档和四档同步器、五档同步器和滚针轴承等组成，如图 1-21 所示。

图 1-20　三轴式齿轮传动

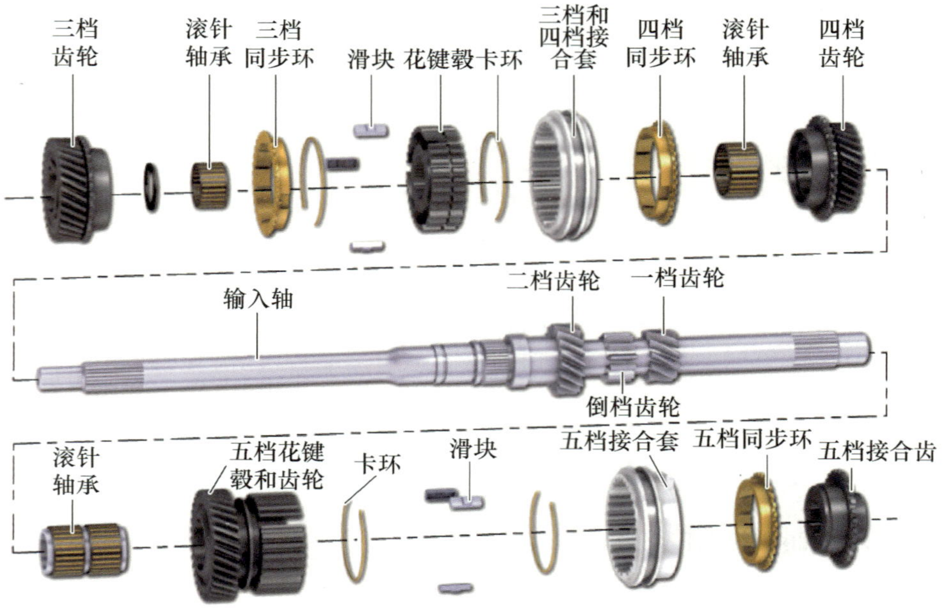

图 1-21　输入轴总成的组成

随堂笔记

2）输出轴总成。两轴式齿轮变速传动部分的输出轴总成主要由输出轴、一档被动齿轮、二档被动齿轮、三档被动齿轮、四档被动齿轮、五档被动齿轮、一档和二档同步器和滚针轴承等组成，如图 1-22 所示。

3）倒档轴总成。两轴式齿轮变速传动部分的倒档轴总成主要由倒档轴和倒档齿轮组成。倒档齿轮可以在倒档轴上轴向移动。

（3）齿轮变速传动部分的工作过程

1）空档。各档接合套都位于中间位置，传动齿轮处于空转状态，输入轴的动力不传给输出轴。

2）一档。右移一档和二档接合套与输出轴一档齿轮啮合，动力的传递路线如图 1-23 所示。此时，输出轴的转速低于输入轴的转速，且转向相反，为前进低速档。

3）二档。左移一档和二档接合套与输出轴二档齿轮啮合，动力的传递路线如图 1-24 所示。此时，输出轴的转速低于输入轴的转速，且转向相反，为前进低速档。

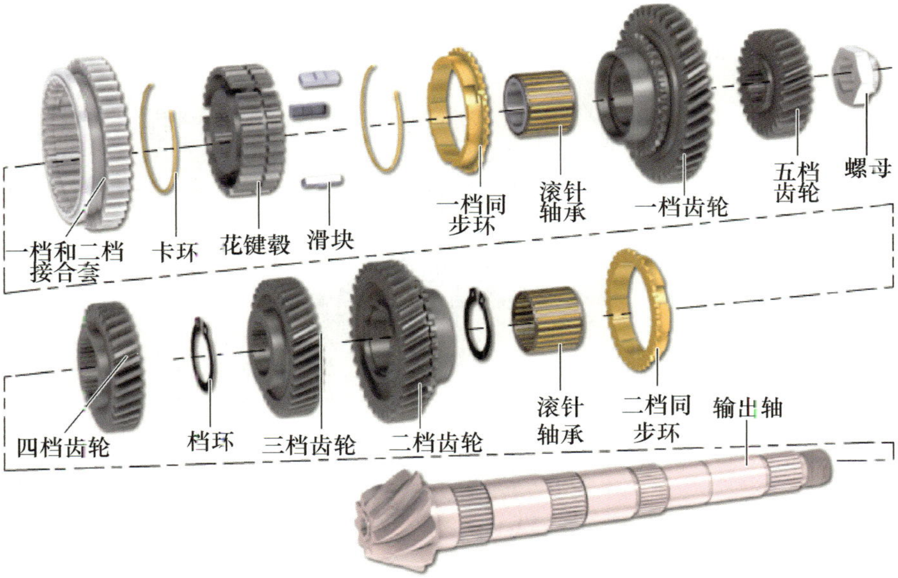

图 1-22　输出轴总成的组成

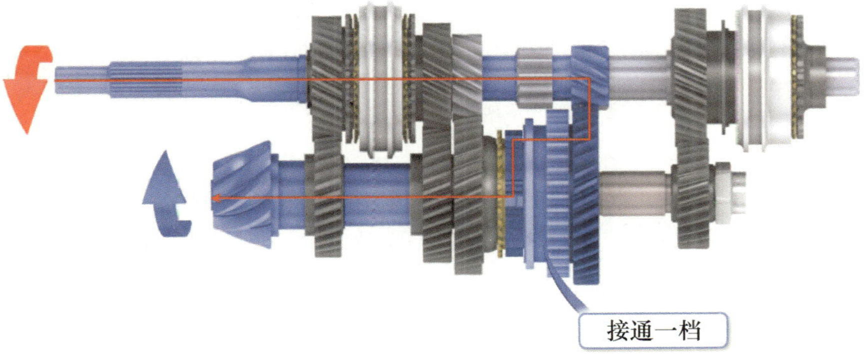

图 1-23　一档动力传递路线

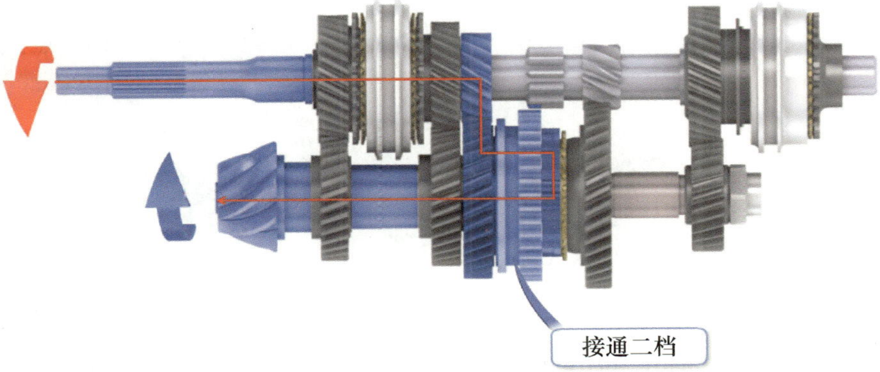

图 1-24　二档动力传递路线

4）三档。右移三档和四档接合套与输入轴三档齿轮啮合，动力的传递路线如图 1-25 所示。此时，输出轴的转速低于输入轴的转速，且转向相反，为前进低速档。

5）四档。左移三档和四档接合套与输入轴四档齿轮啮合，动力的传递路线如图 1-26 所示。此时，输出轴的转速等于输入轴的转速，且转向相反，为前进直接档。

随堂笔记

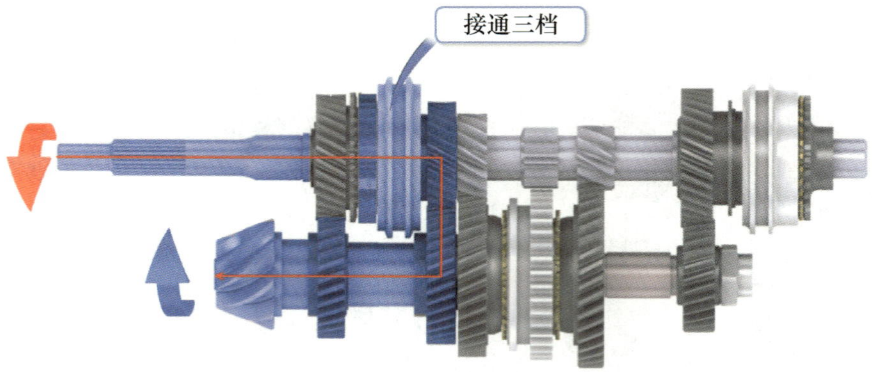

图 1-25　三档动力传递路线

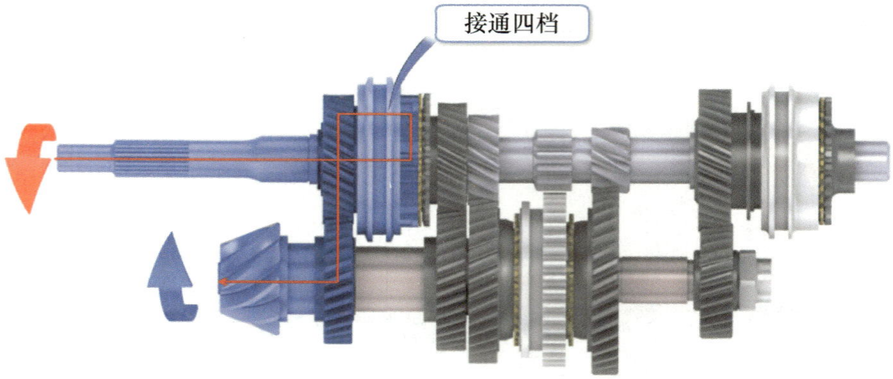

图 1-26　四档动力传递路线

随堂笔记

6）五档。右移五档接合套与输入轴五档齿轮啮合，动力的传递路线如图 1-27 所示。此时，输出轴的转速高于输入轴的转速，且转向相反，为前进超速档。

图 1-27　五档动力传递路线

7）倒档。左移倒档轴上的倒档齿轮与输入轴上的倒档齿轮和输出轴上的倒档齿轮（位于一档和二档接合套上）啮合，动力的传递路线如图 1-28 所示。此时，输出轴的转向与输入轴的转向相同，为倒档。

2. 同步器

（1）同步器的作用　同步器的作用是依靠摩擦力使两个齿轮运动同步，从而快速换档、减少齿轮之间的冲击和磨损，如图 1-29 所示。

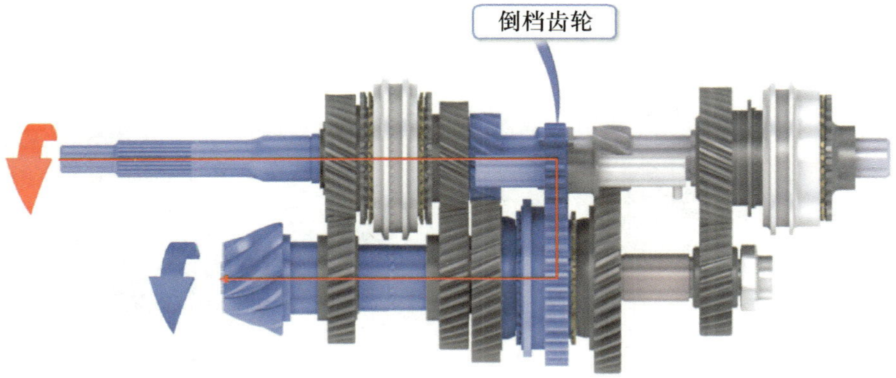

图 1-28　倒档动力传递路线

（2）同步器的类型　同步器主要有锁环式同步器和锁销式同步器两种，如图 1-30 所示。其中，锁环式同步器在小型汽车上使用较多；锁销式同步器由于传递的转矩较大，在中、大型汽车上使用较多。

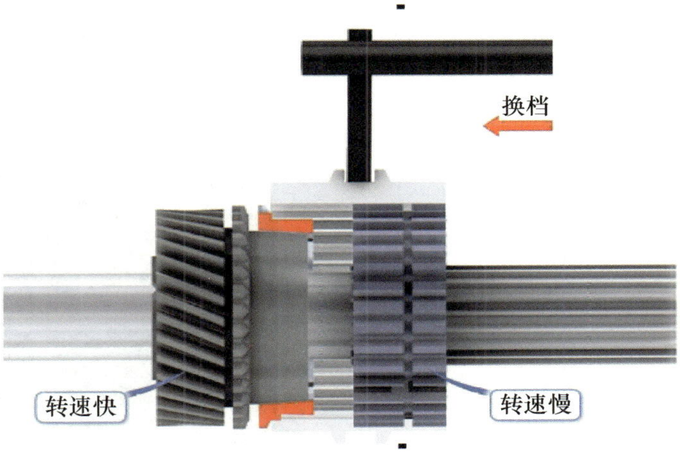

图 1-29　同步器的作用

（3）同步器的组成　锁环式同步器主要由锁环、花键毂、接合套、卡环和滑块等组成，如图 1-31 所示。

（4）同步器的工作过程　在空档时，锁环是轴向自由的，故其内锥面与齿轮锥面并不接触，此时接合套、花键毂和锁环随同轴一起旋转。当驾驶人需要换档时，通过车内的变速杆使换档操纵机构推动接合套向左侧移动，如图 1-32 所示。此时接合套推动滑块，先通过滑块推动锁环，使锁环内锥面与齿轮锥面接触产生摩擦力，从而使齿轮的转速与接合套的转速同步，达到迅速换档的效果。

随堂笔记

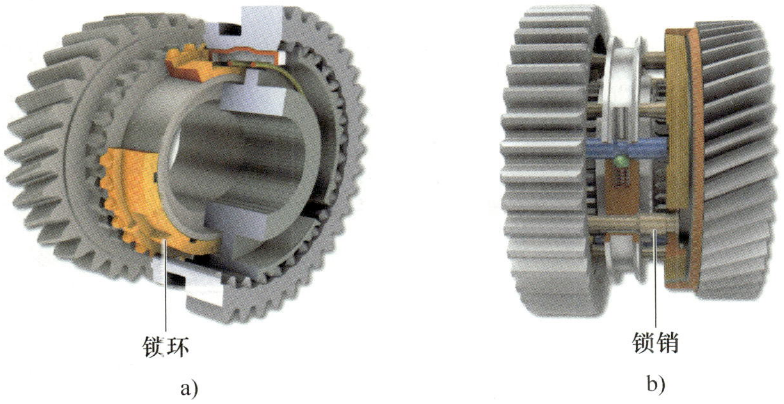

图 1-30　同步器的类型

a）锁环式同步器　b）锁销式同步器

随堂笔记

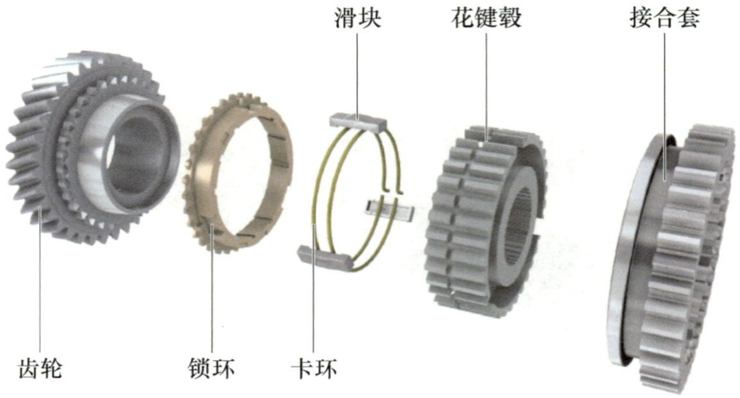

图 1-31　锁环式同步器的组成

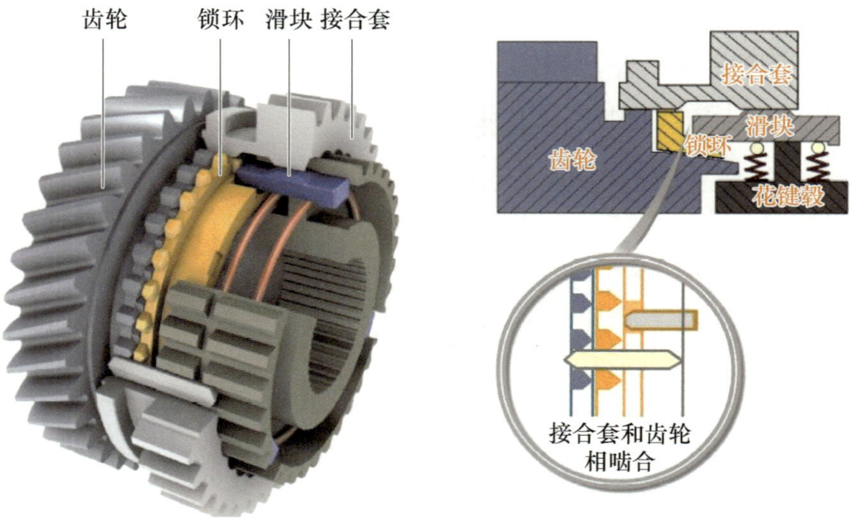

图 1-32　锁环式同步器的工作原理图

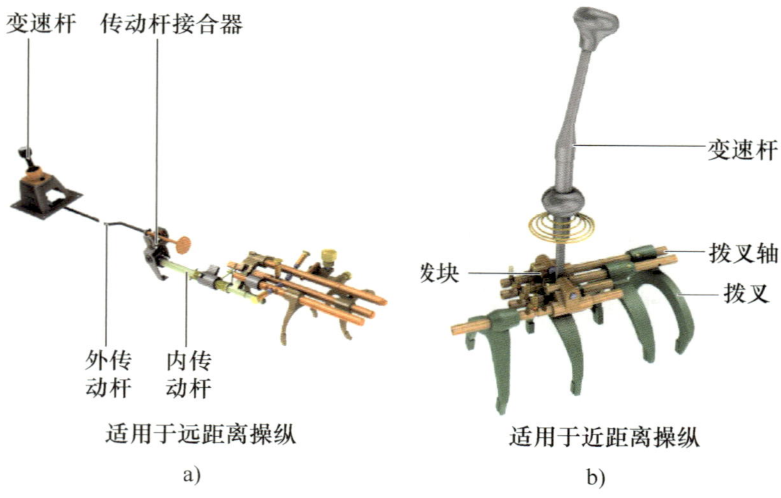

图 1-33　换档操纵机构的类型

a）间接式操纵机构　b）直接式操纵机构

3. 换档操纵机构

（1）换档操纵机构的作用　换档操纵机构的作用是保证驾驶人能准确可靠地使变速器挂入所需要的任一档位，并可随时使之退到空档；还能防止同时挂入两个档位，造成变速器损坏，设有互锁装置；为防止自动换档和自动脱档，设有自锁装置；为防止误挂入倒档，设有倒档锁装置。

（2）换档操纵机构的类型　换档操纵机构按换档操纵手柄与变速器之间的距离不同可分为间接式操纵机构和直接式操纵机构两种，如图 1-33 所示。

（3）间接式换档操纵机构的组成　间接式换档操纵机构主要由变速杆、传动杆、拨叉轴、拨叉、自锁装置、互锁装置和倒档锁装置等组成，如图 1-34 所示。

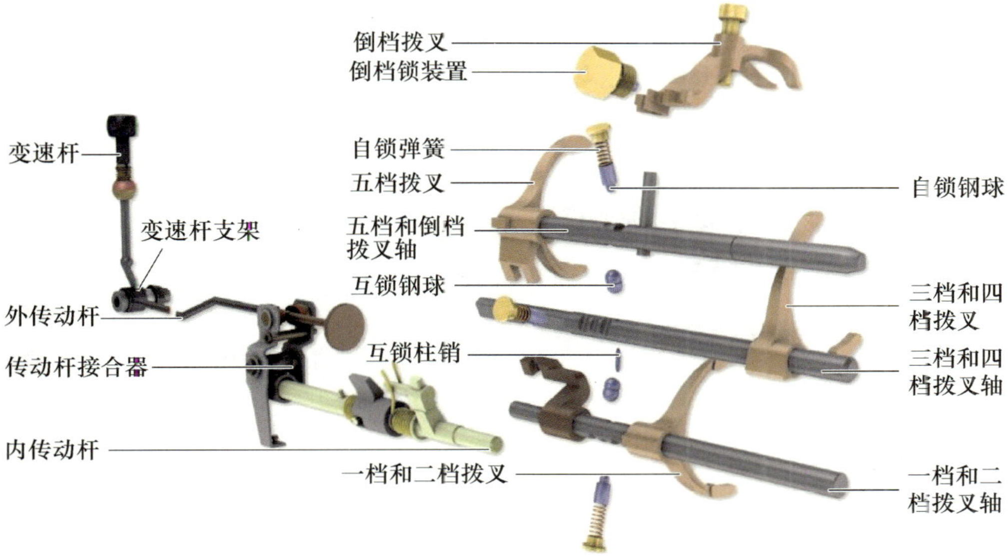

图 1-34　间接式换档操纵机构的组成

（4）间接式换档操纵机构的工作过程　变速杆通过外传动杆与内传动杆相连，可带动内、外传动杆左右转动和前后移动。当向左或向右转动时，即可完成换档的过程，然后再向前或向后移动时，即可拉动所选档位的拨叉轴进行轴向移动，拨叉轴上的拨叉推动同步器接合套进行换档。图 1-35 所示为挂入四档。

随堂笔记

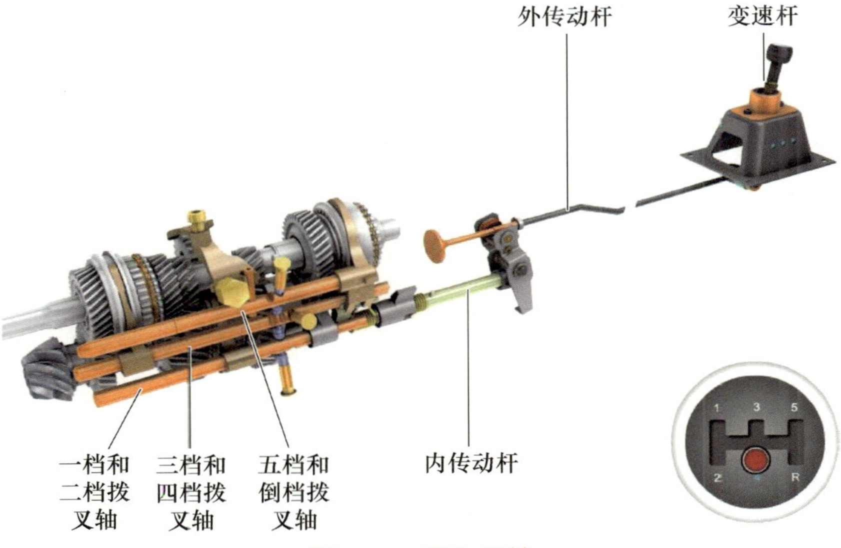

图 1-35　挂入四档

（5）自锁装置　自锁装置的作用是对各档拨叉轴进行轴向定位锁止，以防止其自动产生轴向移动而造成自动挂档或自动脱档，并保证各档传递齿轮以全齿长啮合。其结构如图 1-36 所示，它一般由自锁钢球及自锁弹簧组成。拨叉轴上有凹槽，钢球在自

随堂笔记

锁弹簧的压力作用下嵌入该凹槽内，拨叉轴的轴向位置便被固定，其拨叉和接合套便被固定在空档位置或某一工作档位，而不能自动挂档或自动脱档。当需要换档时，驾驶人只要稍加用力，就能克服钢球的阻力使拨叉轴移动。其工作原理图如图 1-37 所示。

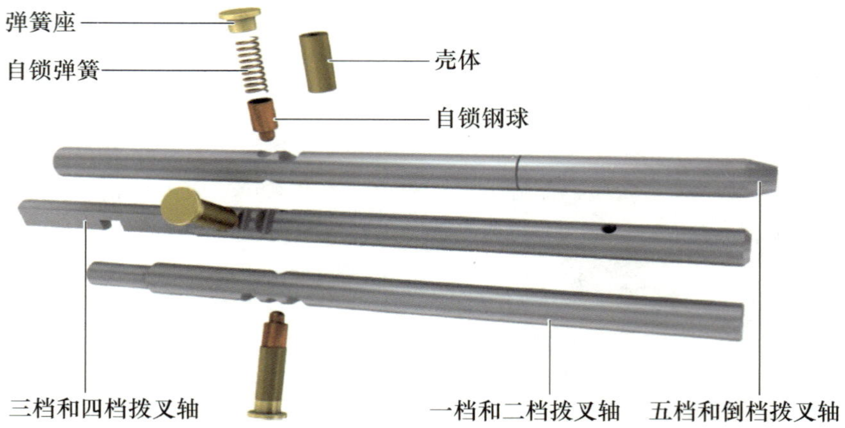

图 1-36　自锁装置的结构

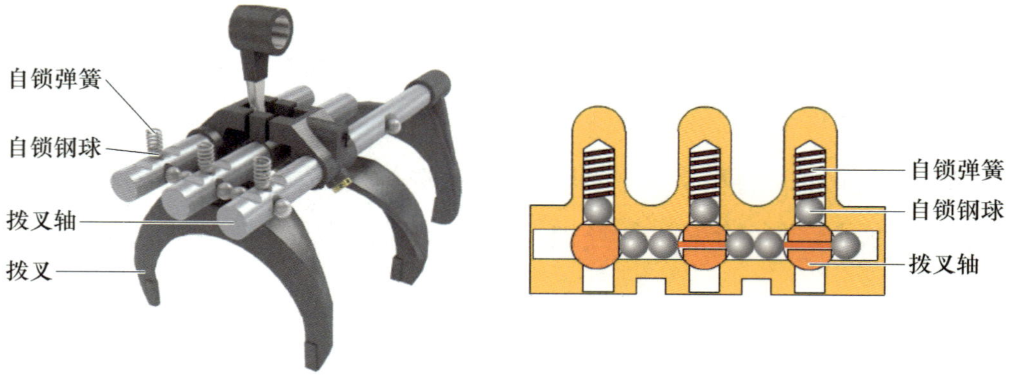

图 1-37　自锁装置的工作原理图

图 1-38　互锁装置的结构

（6）互锁装置　互锁装置的作用是阻止两个拨叉轴同时移动，防止同时挂入两个档位，避免因同时啮合的两个档位的齿轮传动比不同而互相卡住，造成运动干涉，甚至造成零部件损坏。

互锁装置有钢球式和锁销式等类型，汽车上应用广泛的是钢球式互锁装置。其结构如图 1-38 所示。

钢球式互锁装置一般与自锁装置在一起，由互锁钢球和互锁销组成。每根拨叉轴朝向互锁钢球的侧面都有一个深度相等的凹槽，任一拨叉轴处于空档位置时，其侧面凹槽都正好对着互锁钢球。两个互锁钢球的直径之和正好等于相邻两拨叉轴表面之间的距离加上一个凹槽的深度。中间拨叉轴上两个侧面凹槽之间有孔相通，孔中有一根可以滑动的互锁销，销的长度等于拨叉轴的直径减去一个凹槽的深度，保证每次换档时只允许移动一根拨叉轴，且另两根拨叉轴必须回到空档位置。其工作原理图如图 1-39 所示。

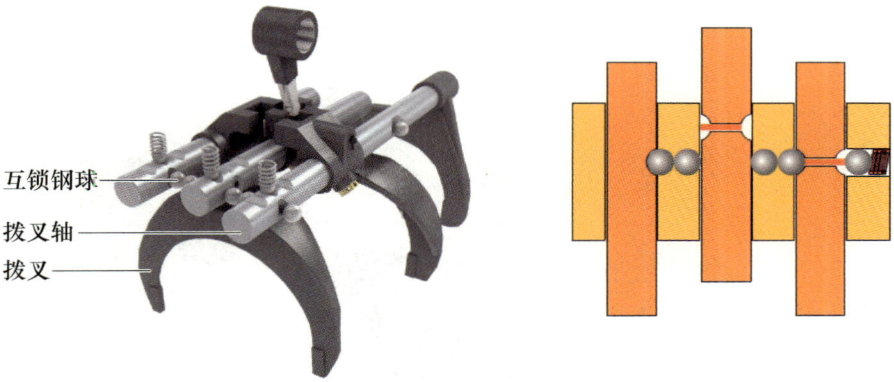

图 1-39　互锁装置的工作原理图

（7）倒档锁装置　倒档锁装置的作用是防止汽车在前进中因误挂倒档而造成极大的冲击，使零部件损坏，并防止在汽车起步时误挂倒档而造成安全事故。倒档锁装置一般由倒档钢球和倒档锁弹簧等组成，如图 1-40 所示。其原理是使驾驶人挂入倒档时需克服倒档锁弹簧的阻力，需要对变速杆施加更大的力才能挂入倒档，起到提醒作用，从而防止无意中误挂倒档。

随堂笔记

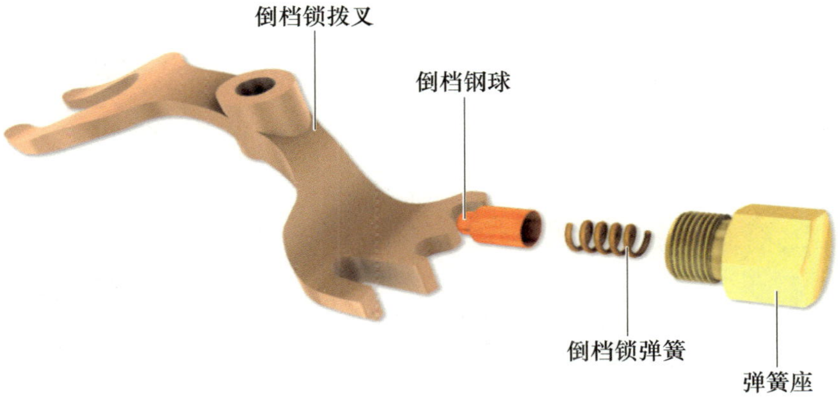

图 1-40　倒档锁装置

手动变速系统的检查与维护	学习任务单	班级：
		姓名：

1. 变速器的功用是实现____________、变矩，实现____________和实现动力传递中断。

2. 变速器按操纵方式的不同可分为手动变速器、____________和手动自动一体变速器三种。

3. 当小齿轮为主动齿轮，带动大齿轮转动时，输出转速____________；当大齿轮驱动小齿轮时，输出转速____________。当在主动齿轮和从动齿轮之间加一个中间齿轮传动时，就能改变传递的方向，从而形成____________档。

4. . 写出下图中零部件的名称。

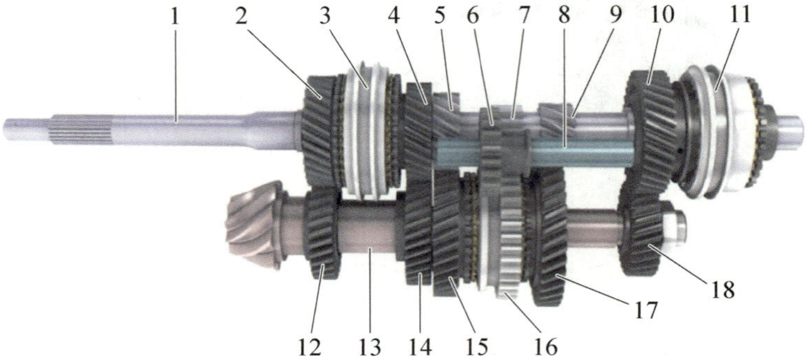

1. ______________ 2. ______________ 3. ______________ 4. ______________

5. ______________ 6. ______________ 7. ______________ 8. ______________

9. ______________ 10. ______________ 11. ______________ 12.______________

13. ______________ 14. ______________ 15. ______________ 16.______________

17. ______________ 18. ______________

随堂笔记

5. 同步器的作用是依靠摩擦力使两个齿轮____________，从而快速换档、减少齿轮之间的冲击和磨损。锁环式同步器主要由锁环、花键毂、____________、卡环和滑块等组成。

6. 写出下图中零部件的名称。

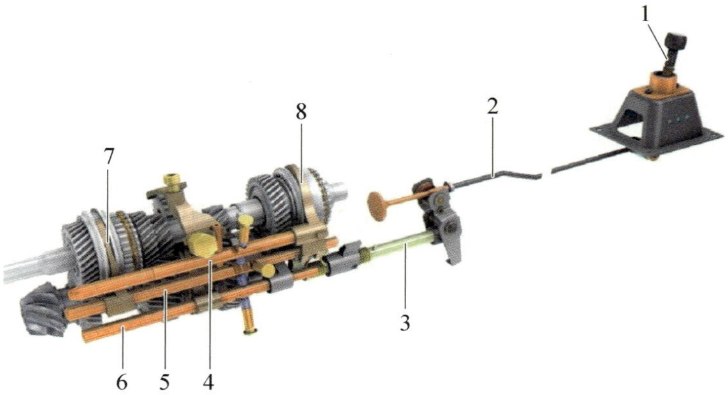

1. ______________ 2. ______________ 3. ______________ 4. ______________

5. ______________ 6. ______________ 7. ______________ 8. ______________

7. 换档操纵机构为了防止同时挂入两个档位，造成变速器损坏，设有____________装置；为防止自动换档和自动脱档，设有____________装置；为防止误挂入倒档，设有____________装置。

任务实施

随堂笔记

实训器材

大众捷达手动变速器台架或整车、变速器油、废油收集器、常用维修工具和维修手册等。

作业准备

1）将车辆在工位停放周正。

2）铺好车内和车外护套。

情智知识

脚踏实地，在技术方面默默坚守

古语有云：“不积跬步，无以至千里；不积小流，无以成江海。”任何技艺与成功都是靠一步步的进步累积而成的，就像造一座大厦，需要一块砖、一块瓦地往上垒，没有谁可以造出空中楼阁。相反，如果地基打不好，即便上面再牢固，也是要倒塌的。同学们，想凭侥幸靠运气获取丰硕的果实，那无异于守株待兔，吃亏的还是自己。所以，踏实些，认真些，从一点一滴学起、做起，积累自己的经验，摒弃心浮气躁，让踏出的每一步都更坚实更有力，默默地坚守在自己的技艺里，静心安念，专注一心，执着学习与钻研，最终才能成功。

操作步骤

一、手动变速器油液的检查与更换

1. 油质的检查

1）选用合适的工具松开手动变速器排放孔螺塞并用容器接住油液。

2）检查油液是否有异味、是否混浊。如果有，则更换变速器油。

3）用手接触油液，看是否有细小的金属颗粒。如果有，则更换变速器油。

扫一扫

手动变速器油的排放

2. 油液的更换

1）使用合适的工具拆下手动变速器壳体上的加油孔螺塞。

2）使用合适的工具拆下手动变速器排放孔螺塞并用容器接住油液。

3）待变速器油液完全排净后，安装排放孔螺塞，按规定力矩拧紧。

4）用专用加注设备将变速器油从加油孔泵入变速器内，直到加油孔下沿有油液流出为止。

5）安装加油孔螺塞，按规定力矩拧紧。

扫一扫

手动变速器油的加注

随堂笔记

二、手动变速器壳体密封件的检查与更换

1. 密封件的检查

1）检查变速器与发动机接合处是否有油液漏出。如果有油液漏出，可能是变速器输入轴油封损坏，应更换输入轴油封。

2）检查变速器左、右驱动轴接合处是否有油液漏出。如果有油液漏出，应更换驱动轴油封。

3）检查变速器换档轴接合处是否有油液漏出。如果有油液漏出，应更换换档轴油封。

2. 密封件的更换

1）拆下需要更换油封侧的驱动轴。

2）用专用工具拉出驱动轴油封。

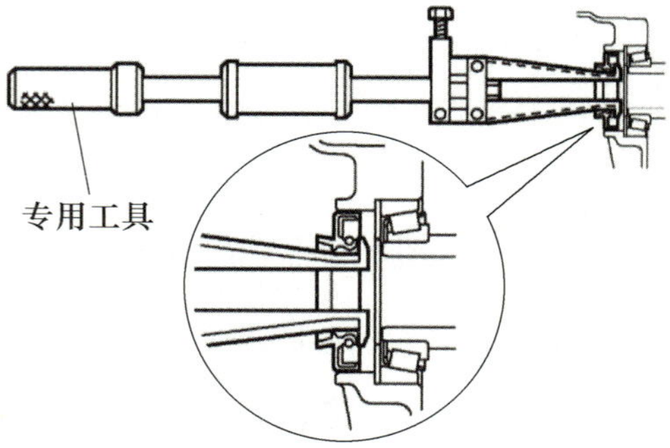

3）用抹布清洁驱动轴油封座。

4）在新油封唇口上涂抹润滑脂。

5）用专用工具和锤子将油封敲入。

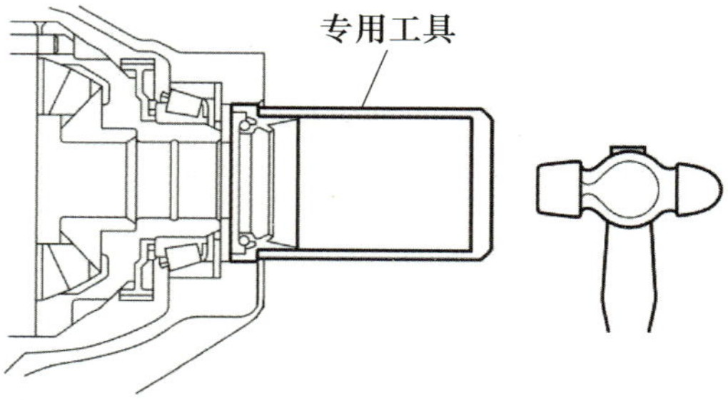

6）安装驱动轴。

三、齿轮变速机构的拆装与检查

扫一扫

手动变速器的分解

1. 变速器的分解

1）使用一字螺钉旋具撬下变速器后壳体上的输入轴后盖。

2）使用风动扳手拆下输入轴后端轴承座螺栓。

3）使用合适的工具拆下变速器后壳体的固定螺栓，取下后壳体。

用合适的工具拆下后壳体的固定螺栓

4）用合适的工具敲出五档拨叉轴与拨叉固定销。

用合适的工具敲出五档拨叉轴与拨叉固定销

5）压下内传动杆，使变速器挂入四档；提起五档同步器接合套，使变速器挂入五档（此时变速器同时挂入两个档位，锁定了输出轴）。

6）选用合适的工具拆下输出轴后端的固定螺栓。

用合适的工具拆下输出轴后端的固定螺栓

7）将变速器退到空档，拆下五档同步器、齿轮与拨叉总成。

8）拆下内传动杆。

9）使用合适的顶拔工具拉出输出轴五档齿轮。

用合适的顶拔工具拉出输出轴五档齿轮

随堂笔记

10）使用合适的工具拆下变速中间壳体的固定螺栓，取下中间壳体与变速器轴总成。

11）使用合适的工具敲出三档和四档同步器拨叉轴与拨叉固定销，取下三档和四档同步器拨叉轴。

确认在空档位置，拔出三档和四档拨叉轴

12）使用合适的工具拆下变速器壳体上的倒档拨叉固定螺栓。

13）使用合适的工具拆下倒档锁装置。

14）拆下倒档轴。

15）从变速器壳体上依次拆下输入轴和输出轴。注意：要收集好自锁钢球和互锁销。

拆下输入轴

16）从输入轴和输出轴上依次拆下各档齿轮和同步器，并按照顺序摆放整齐。

2. 壳体的检查

检查变速器壳体有无变形、裂纹，轴承孔、螺孔有无磨损等。如果出现上述情况，则需要更换变速器壳体。

3. 齿轮的检查

扫一扫

手动变速器的检修

1）检查各档齿轮齿面、齿端，应无磨损；齿面应无疲劳剥落、腐蚀斑点；轮齿应无破碎或断裂等，否则更换。

2）检查齿轮的啮合面，应无明显的疲劳麻点、麻面、斑疤或阶梯形磨损，否则必须更换。

3）检查齿轮与齿轮、齿轮与轴及花键的啮合间隙，径向间隙和轴向间隙，应符合原厂规定。

4. 轴的检查

注意事项：
齿轮应成对更换。

1）检查轴体，不得有任何的裂纹或磨损痕迹；轴齿、花键齿应无损伤，否则更换。

2）用百分表检查轴的径向圆跳动，应不超过 0.05mm，否则应更换。

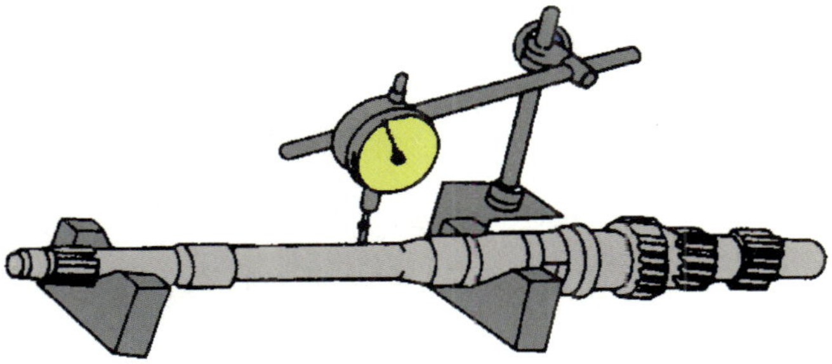

5. 轴承的检查

1）检查轴承，应转动灵活无异响，滚动体与内外圈滚道不得有麻点、麻面、斑疤和烧灼磨损或破碎等缺陷，保持架完好，否则更换。

2）检查轴承的径向间隙，不得过大，否则更换。

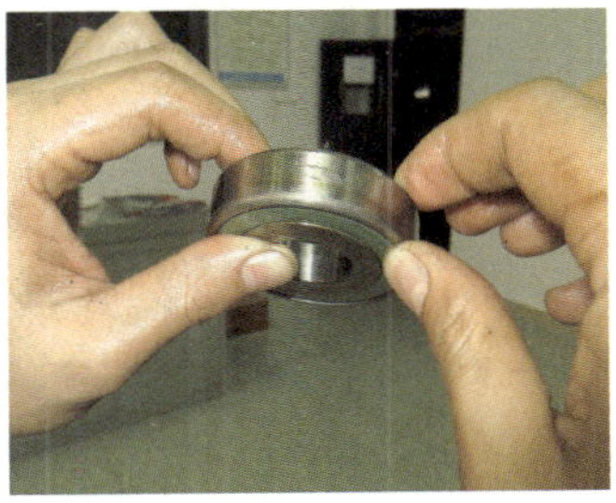

6. 同步器的检查

1）检查锁环内锥面螺纹槽是否磨损、滑块是否磨损、接合套和花键毂的花键齿是否损伤。

2）将同步器锁环推向齿轮锥面的同时使其沿一个方向转动；检查并确认锁环锁止，如果同步器锁环未锁止，则更换同步器锁环。

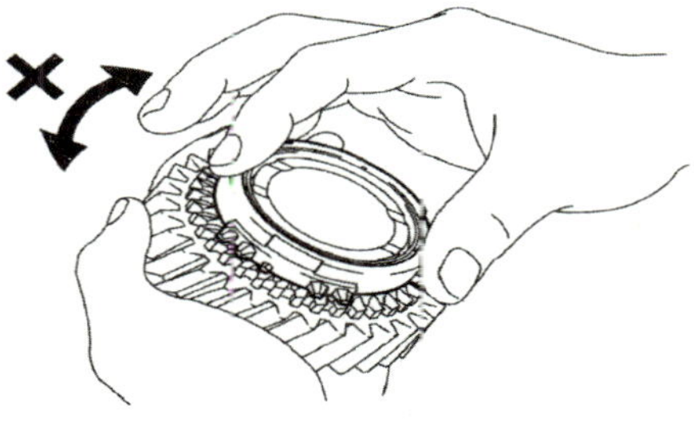

随堂笔记

随堂笔记

3）用塞尺测量各档同步器锁环和锥齿轮端部之间的间隙，标准间隙为 0.75~1.65 mm。如果间隙小于最小值，则更换同步器锁环。

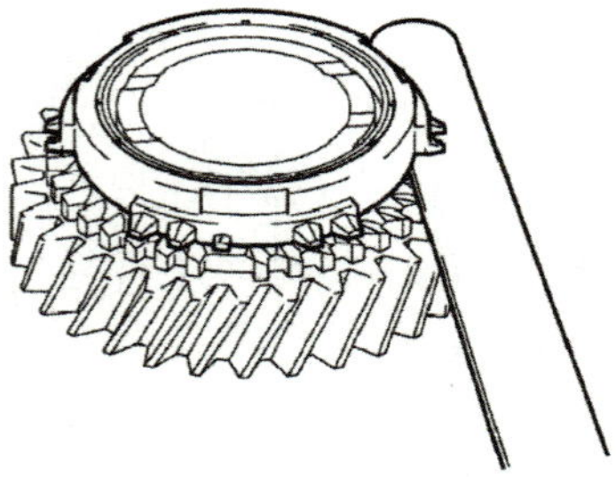

4）检查同步器接合套和花键毂之间的滑动，应该灵活无卡滞。

5）用游标卡尺测量变速器接合套凹槽宽度（*A*）和换档拨叉卡爪部分的厚度（*B*），并计算间隙，标准间隙（*A*-*B*）为 0.3~0.5mm。如果间隙超过标准值，则更换变速器接合套和换档拨叉。

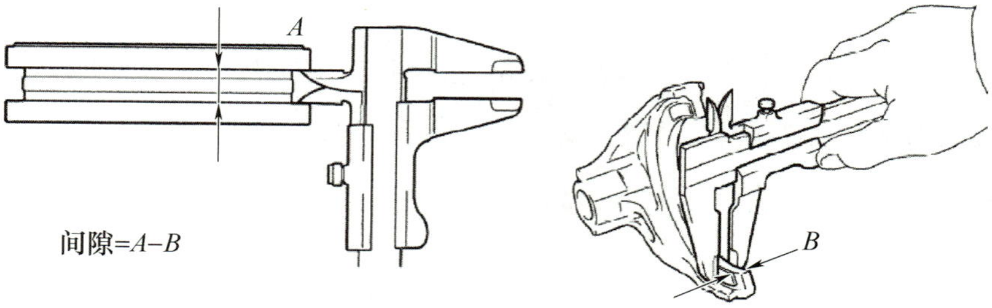

7. 变速器的安装

按与拆卸相反的顺序安装变速器总成，按规定转矩拧紧各螺栓。

扫一扫

手动变速器的安装

手动变速系统的检查与维护	工作任务单	班级：
		姓名：

一、车辆信息记录

品牌		整车型号		生产年月	
发动机型号		发动机排量		行驶里程	
车辆识别代号					

二、手动变速器油液的检查

检查项目	检查情况	检查结果	检查项目	检查情况	检查结果
手动变速器油液位	低□　高□ 无□	正常□　异常□	变速器油油质		正常□　异常□

三、手动变速器泄漏的检查

检查项目	泄漏检查情况	泄漏部位名称	维修措施
手动变速器油	泄漏□　正常□		更换□　调整□ 紧固□　无□

四、更换手动变速器油

作业项目	维修资料			
手动变速器油更换	变速器油类型		更换周期	
	变速器油容量		放油螺栓紧固力矩	

五、手动变速器的拆卸与检查

检查项目	检查情况	部位名称	维修措施
壳体	变形□　裂纹□ 破损□　松动□		调整□　维修□ 更换□
传动轴	变形□　裂纹□ 破损□　松动□		调整□　维修□ 更换□
轴承	变形□　裂纹□ 破损□　松动□		调整□　维修□ 更换□
同步器	变形□　裂纹□ 破损□　松动□		调整□　维修□ 更换□
驱动轴油封（更换）	泄漏□　裂纹□ 破损□　松动□		调整□　维修□ 更换□

六、变速器各传动档位的检查

检查项目		一档齿轮	二档齿轮	三档齿轮	四档齿轮	五档齿轮	倒档齿轮
齿轮检查	数据						
	判定	正常□ 异常□	正常□ 异常□	正常□ 异常□	正常□ 异常□	正常□ 异常□	正常□ 异常□
	维修	无□　更换□	无□　更换□	无□　更换□	无□　更换□	无□　更换□	无□　更换□

七、查阅维修手册

部件名称	章节及页码	规格（米制）
	第　　章　　页	
	第　　章　　页	

随堂笔记

手动变速系统的检查与维护		实习日期：	
姓名：	班级：	学号：	教师签名：
自评：□熟练 □不熟练	互评：□熟练 □不熟练	师评：□合格 □不合格	
日期：	日期：	日期：	

手动变速系统的检查与维护【评分细则】

序号	评分项	得分条件	分值	评分要求	自评	互评	师评
1	安全 / 7S/ 态度	□ 1. 能进行工位 7S 操作 □ 2. 能进行设备和工具安全检查 □ 3. 能进行车辆安全防护操作 □ 4. 能进行工具清洁、校准、存放操作 □ 5. 能进行三不落地操作	15 分	未完成 1 项 扣 3 分	□熟练 □不熟练	□熟练 □不熟练	□合格 □不合格
2	专业技能能力	作业 1 □ 1. 能正确地拆卸放油螺塞 □ 2. 能正确地检查变速器油液位 □ 3. 能正确地检查变速器泄漏情况 □ 4. 能正确地更换变速器油 □ 5. 能正确地记录加注量及更换周期 作业 2 □ 1. 能正确地分解变速器壳体 □ 2. 能正确地分解拨叉及固定销 □ 3. 能正确地拆卸输出轴固定螺栓 □ 4. 能正确地拆卸各档传动齿轮 □ 5. 能正确地拆卸同步器 □ 6. 能正确地检查壳体 □ 7. 能正确地检查各轴 □ 8. 能正确地拆卸轴承 □ 9. 能正确地检查同步器 □ 10. 能正确地检查驱动轴油封 □ 11. 能正确地更换驱动轴油封 □ 12. 能正确地检查各档变速齿轮	50 分	未完成 1 项 扣 3 分，扣分不得超过 50 分	□熟练 □不熟练	□熟练 □不熟练	□合格 □不合格
3	工具及设备的使用能力	□ 1. 能正确地使用维修工具 □ 2. 正确地使用油液加注工具 □ 3. 能正确地使用量具 □ 4. 能正确地使用预紧式扭力扳手	10 分	未完成 1 项 扣 3 分，扣分不得超过 10 分	□熟练 □不熟练	□熟练 □不熟练	□合格 □不合格
4	资料、信息查询能力	□ 1. 能正确地使用维修手册查询资料 □ 2. 能正确地查询变速器油型号 □ 3. 能正确地记录查询资料章节及页码 □ 4. 能正确地记录所需维修信息	10 分	未完成 1 项 扣 3 分	□熟练 □不熟练	□熟练 □不熟练	□合格 □不合格
5	数据判断和分析能力	□ 1. 能分析变速器油加注量 □ 2. 能判断变速器是否泄漏 □ 3. 能判断各检查部件是否正常	10 分	未完成 1 项 扣 3 分	□熟练 □不熟练	□熟练 □不熟练	□合格 □不合格
6	表单填写和报告撰写能力	□ 1. 字迹清晰 □ 2. 语句通顺 □ 3. 无错别字 □ 4. 无涂改 □ 5. 无抄袭	5 分	未完成 1 项 扣 1 分	□熟练 □不熟练	□熟练 □不熟练	□合格 □不合格
总分：							

随堂笔记

任务三

万向传动装置的检查与维护

学习目标

知识目标

1）掌握汽车的驱动类型及动力传递。

2）掌握万向传动装置的作用、类型与组成。

技能目标

1）具有分解与维护后驱动万向传动装置的能力。

2）具有拆卸与维护前驱动万向传动装置的能力。

素养目标

1）能够在工作过程中与小组其他成员合作、交流，养成团队合作意识，锻炼沟通能力。

2）养成 7S 工作习惯。

3）养成服从管理、规范作业的良好工作习惯。

任务描述

一位丰田卡罗拉轿车用户反映：前桥轮毂处有润滑脂泄漏。请你检查泄漏的原因并进行维修。

相关知识

一、汽车驱动的类型

目前，在大多数汽车上采用发动机前置前轮驱动、发动机前置后轮驱动和发动机前置四轮驱动等形式，如图 1-41 所示。其中，发动机前置前轮驱动在经济型轿车中得到普遍采用，发动机前置四轮驱动多用于高性能轿车或者 SUV 上。

1. 发动机前置前轮驱动（FF）汽车

来自发动机的驱动力通过传动桥、差速器传送到左侧和右侧驱动轴，再驱动车轮。

随堂笔记

2. 发动机前置后轮驱动（FR）汽车

来自发动机的驱动力通过变速器再通过传动轴和差速器传送到右侧和左侧驱动轴，再驱动车轮。

3. 发动机前置四轮驱动（4WD）汽车

来自发动机的驱动力通过变速器传递到分动器，由分动器通过传动轴将动力分别传递到前、后驱动桥，再驱动四个车轮。

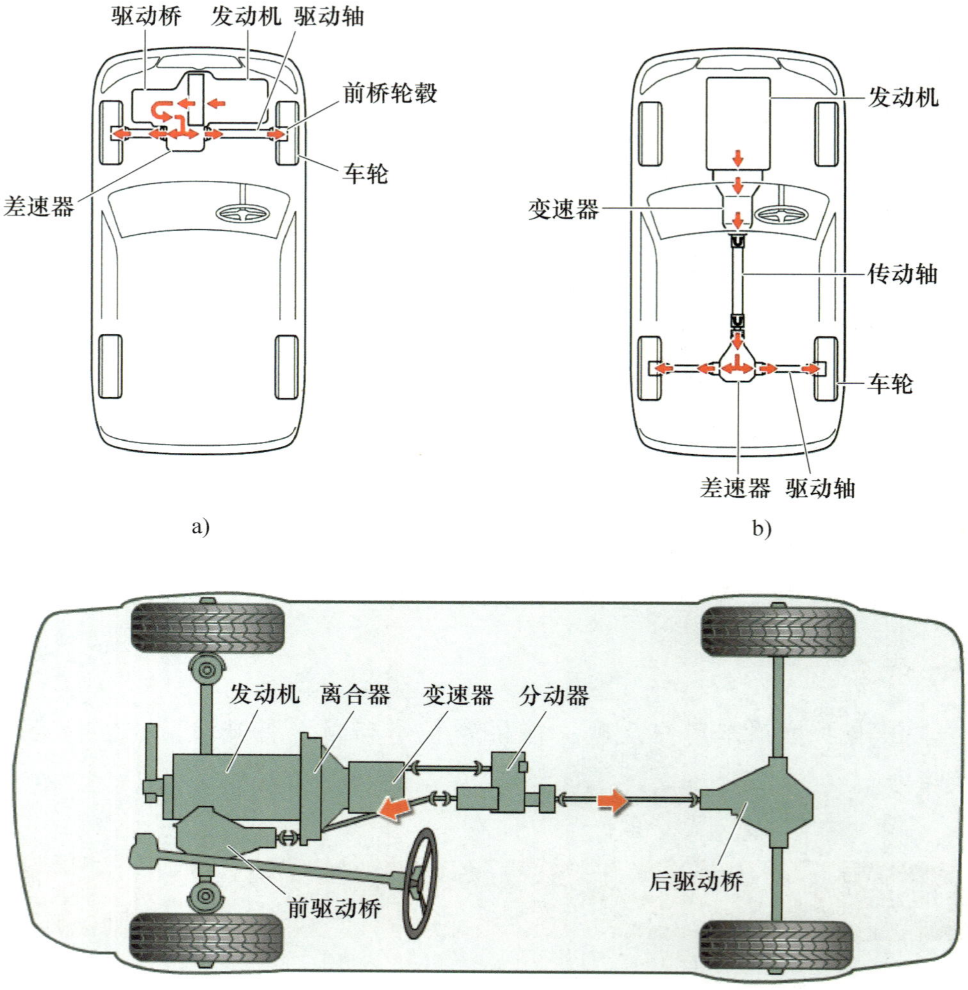

c)

图 1-41　汽车驱动的类型

a）发动机前置前轮驱动　b）发动机前置后轮驱动　c）发动机前置四轮驱动

随堂笔记

二、万向传动装置的作用

万向传动装置的作用是实现汽车上任何一对轴线相交且相对位置经常变化的转轴之间的动力传递，如图 1-42 所示。

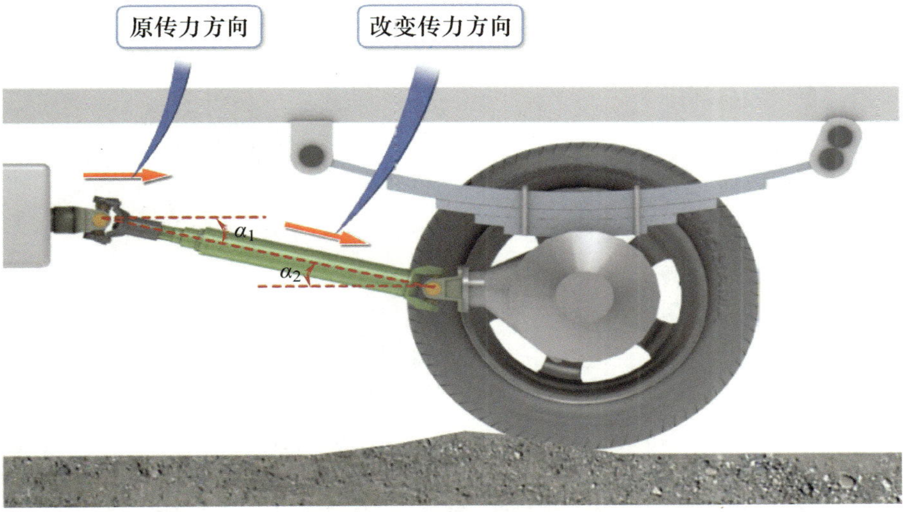

图 1-42　万向传动装置

三、后轮驱动万向传动装置的结构

后轮驱动万向传动装置俗称为传动轴，用来连接变速器与驱动桥，主要由两个或两个以上万向联轴器和传动轴组成。对于传动距离较远的分段式传动轴，为了提高传动轴的刚度，还设置有中间支撑，如图 1-43 所示。

随堂笔记

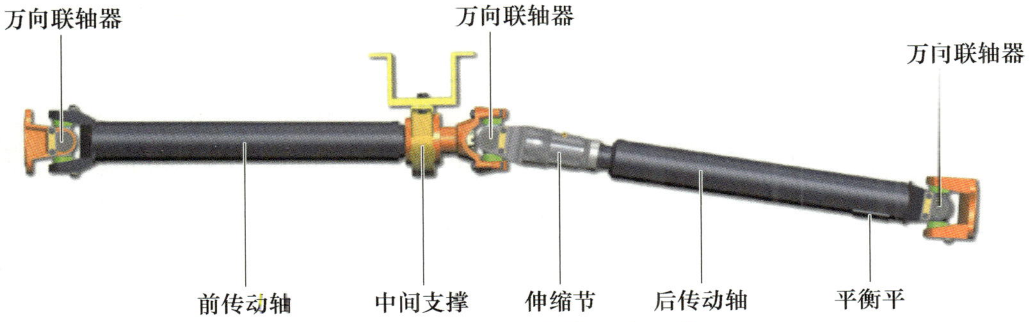

图 1-43　万向传动装置的组成

1. 万向联轴器

（1）作用　万向联轴器的作用是连接不在一条直线上的两轴，并保证动力在它们之间可以可靠的传递，还可以适应两轴间夹角变化的需要。

（2）类型　万向联轴器按其在扭转方向上是否有明显的弹性分为刚性万向联轴器和挠性万向联轴器两种，如图 1-44 所示。

1）刚性万向联轴器：靠刚性铰链式零部件传递动力。

2）挠性万向联轴器：靠弹性组件传递动力且具有缓冲减振的作用。

刚性万向联轴器按主动轴角速度和从动轴角速度是否相等可分为不等速万向联轴器（十字轴式）、准等速万向联轴器（双联式）和等速万向联轴器（球笼式）三种，如图 1-45 所示。

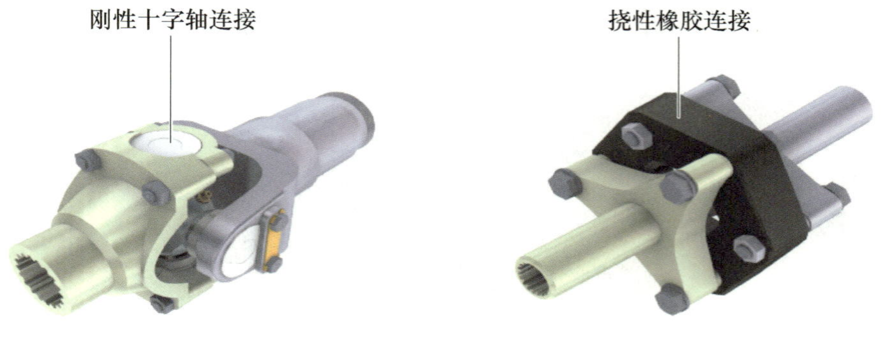

a)　　　　b)

图 1-44　万向联轴器的类型

a）刚性万向联轴器　b）挠性万向联轴器

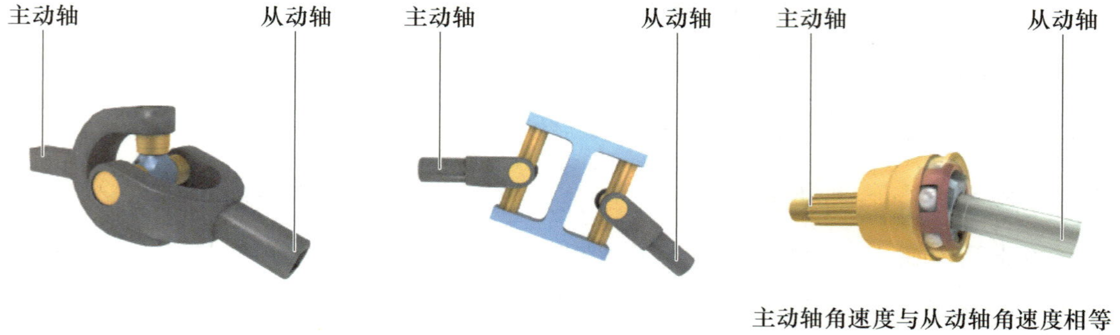

随堂笔记

a)　　　　b)　　　　c)

图 1-45　刚性万向联轴器的类型

a）不等速万向联轴器　b）准等速万向联轴器　c）等速万向联轴器

（3）结构　不等速万向联轴器的结构如图 1-46 所示，它允许相邻两轴的最大交角为 15°~20°，在后轮驱动汽车上应用最广。它由两个万向联轴器叉、十字轴和四个滚针轴承等组成。

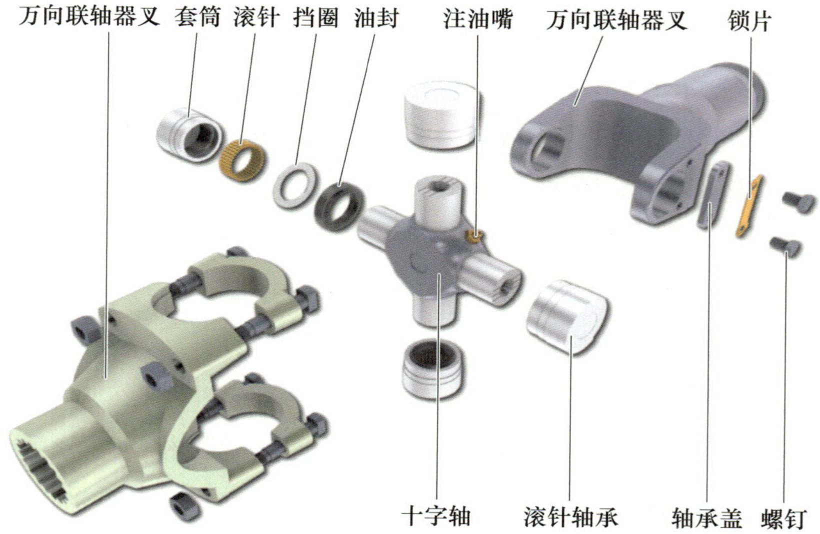

图 1-46　不等速万向联轴器的结构

两个万向联轴器叉上的孔分别活套在十字轴的两个轴颈上。当主动轴转动时，从动轴随着转动，同时可以绕着十字轴中心在任意方向摆动。

为了减少摩擦和磨损，提高传动效率，在十字轴轴颈和万向联轴器叉孔间装有滚针和套筒组成的滚针轴承。为了润滑十字轴轴承，十字轴做成中空的并有油路通向轴颈，润滑油由注油嘴注入十字轴内腔。

（4）速度特性　不等速万向联轴器在其运动中具有不等速特性，即当不等速万向联轴器的主动叉是等角速转动时，从动叉是不等角速转动的。所谓不等速性，是指从动轴在转动一周内其角速度时而大于主动轴的角速度，时而小于主动轴的角速度的现象。但主、从动轴的平均转速是相等的，即主动轴转一圈，从动轴也转一圈。

（5）等速条件　由于不等速万向联轴器具有不等速性，所以在汽车上均采用两个不等速万向联轴器且中间用传动轴相连，利用第二个不等速万向联轴器的不等速效应来抵消第一个不等速万向联轴器的不等速效应，从而实现输入轴与输出轴等角速传动，如图 1-47 所示。要达到这一目的，必须满足以下两个条件：

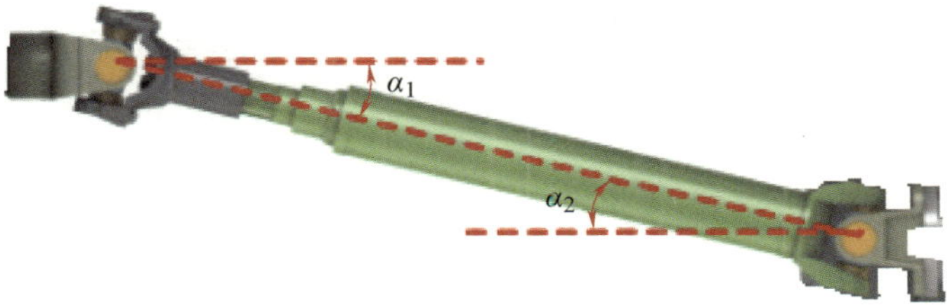

图 1-47　双十字轴式万向联轴器

随堂笔记

1）第一个不等速万向联轴器的从动叉和第二个不等速万向联轴器的主动叉应在同一平面内，即传动轴两端的万向联轴器叉在同一平面内。

2）输入轴、输出轴与传动轴的夹角相等。

2. 传动轴

传动轴是万向传动装置中的主要传力部件，如图 1-48 所示，其作用是连接变速器和驱动桥。在汽车行驶过程中，变速器与驱动桥的相对位置经常变化，为避免运

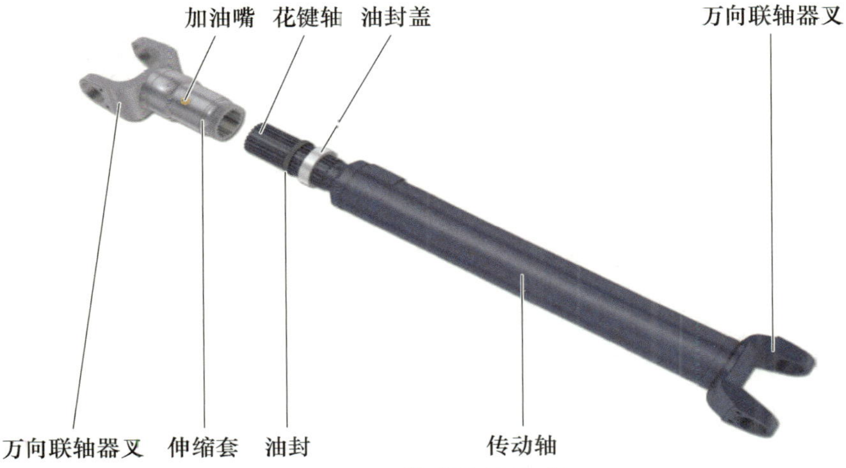

图 1-48　传动轴的组成

动干涉，传动轴上设有由滑动叉和花键轴组成的伸缩节，使传动轴的长度能随传动距离的变化而变化。

传动轴在工作进程中处于高速旋转状态，其转速和所传递的转矩都在不断发生变化。为了避免由于离心力引起传动轴的振动，在传动轴和万向节装配后，必须进行平衡试验，以满足动平衡的要求。平衡后，在滑动花键部分制有箭头标记，以便重装时保持两者的相对位置不变。

3. 中间支撑

当传动距离较远时，为了避免因传动轴过长在高速时产生共振，常将传动轴分为两段：前段称为中间传动轴，其后端部设有中间支撑，通常将其安装在车架横梁上；后段称为主传动轴。

中间支撑主要由轴承、轴承座、油封和橡胶支架等组成，如图 1-49 所示。

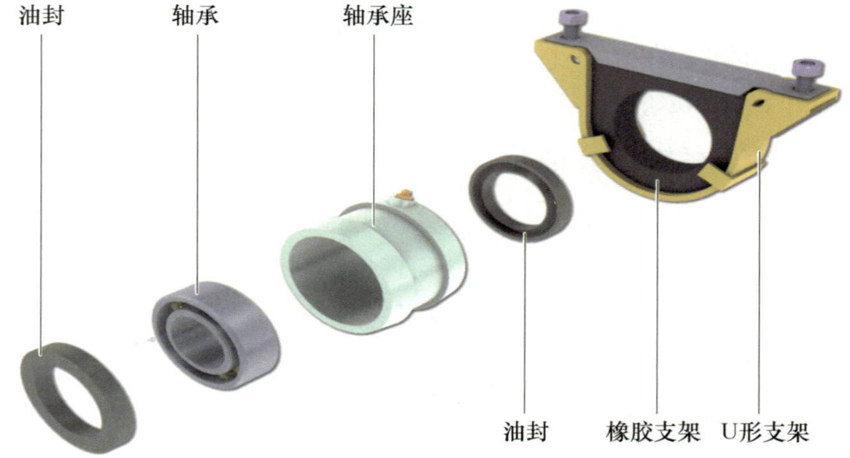

图 1-49　中间支撑的组成

随堂笔记

四、前轮驱动万向传动装置的结构

1. 组成

前轮驱动万向传动装置俗称为半轴或驱动轴，用来连接变速驱动桥与左、右前车轮，因此它有左、右两条驱动轴，每条驱动轴主要由两个球笼式等角速万向联轴器和传动轴组成，如图 1-50 所示。

2. 球笼式万向联轴器的结构

球笼式万向联轴器主要由球形壳、保持架、钢球、星形套和橡胶护套等组成，如图 1-51 所示。

球笼式万向联轴器星形套与传动轴用花键固接在一起，星形套外表面有六条弧形凹槽滚道，球形壳的内表面有相应的六条凹槽，六个钢球分别装在各条凹槽中，由保持架（即球笼）使其保持在同一平面内。动力由传动轴、钢球、星形套、球形壳输出，且主、从动轴在任意时刻转角相同。由于六个钢球都参与传递动力，故承载能力强、磨损小、使用寿命长。因此，球笼式万向联轴器广泛应用于轿车上。

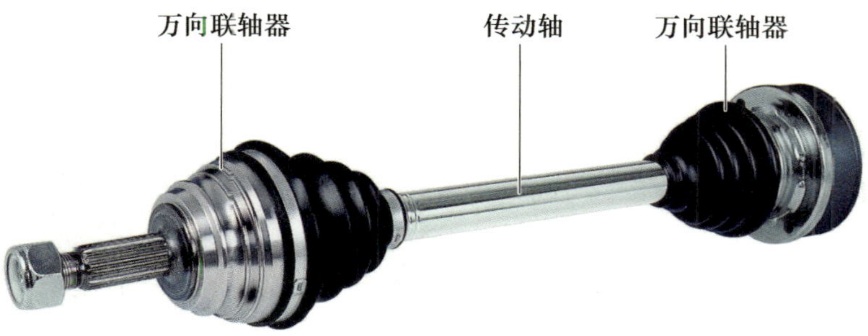

图 1-50　前轮驱动万向传动装置

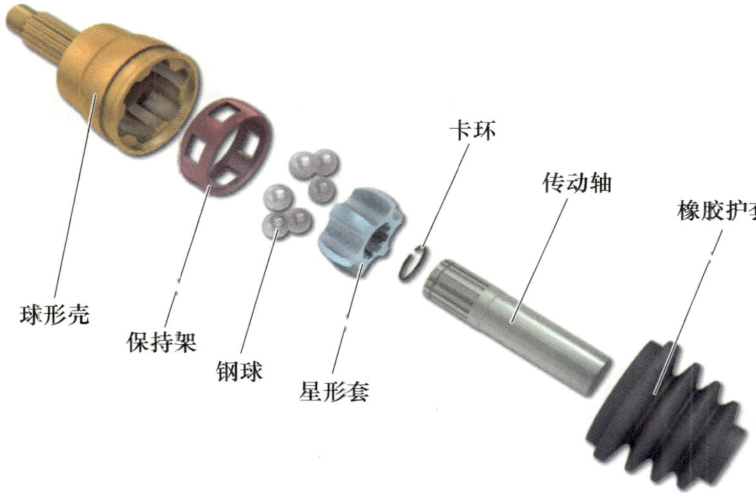

图 1-51　球笼式万向联轴器的结构

随堂笔记

万向传动装置的检查与维护	学习任务单	班级：
		姓名：

1. 目前在大多数汽车上采用发动机前置__________轮驱动或发动机前置__________轮驱动两种驱动形式。其中，经济型轿车采用发动机前置前轮驱动最普遍，它是将来自发动机的驱动力通过传动桥、差速器传送到左侧和右侧__________，再驱动车轮。

2. 万向传动装置的作用是实现汽车上任何一对轴线__________且相对位置经常__________的转轴之间的动力传递。

3. 后轮驱动万向传动装置俗称为传动轴，用来连接__________与__________。

4. 写出下图中零部件的名称。

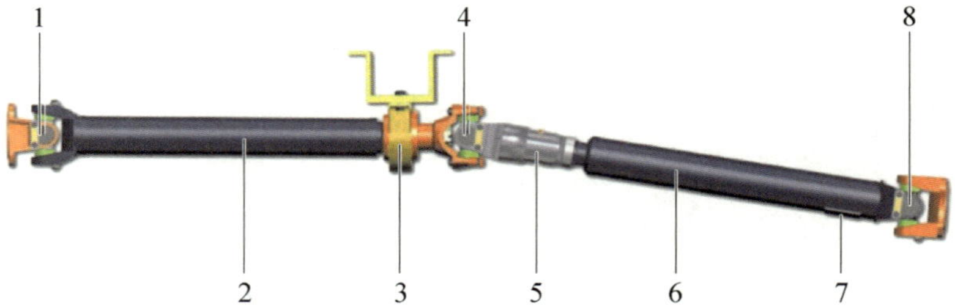

随堂笔记

1. __________ 2. __________ 3. __________ 4. __________

5. __________ 6. __________ 7. __________ 8. __________

5. 前轮驱动万向传动装置俗称为驱动轴，用来连接__________与__________。

6. 写出下图中零部件的名称。

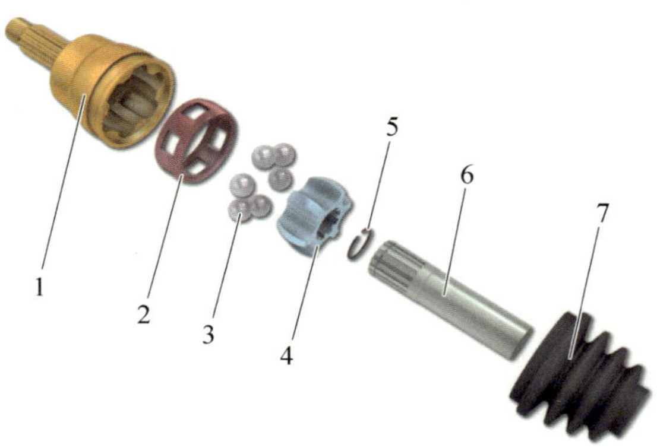

1. __________ 2. __________ 3. __________ 4. __________

5. __________ 6. __________ 7. __________

任务实施

实训器材

丰田卡罗拉轿车、传动轴、磁性表座、百分表、常用维修工具和维修手册等。

作业准备

1）将车辆在工位停放周正。

2）铺好车内和车外护套。

操作步骤

一、后轮驱动万向传动装置的检修

1. 传动轴的检修

1）检查传动轴轴管，不得有裂纹和凹陷，否则应更换传动轴。

2）检查传动轴上的平衡块是否脱落。如果脱落，需对传动轴重新进行动平衡校正。

3）检查传动轴伸缩节，滑动应灵活、摇晃应不松旷，否则需更换传动轴。

> **情智知识**
>
> **勤于实践，每天多学或多做一点才能不断进步**
>
> 也许你的投入无法立刻得到回报，但不要气馁，一如既往地付出，回报可能会在不经意间，以出人意料的方式出现。因此，在学习或工作中，我们比他人每天多学或多做一点点，勤恳一些，就可能领先一步，比别人取得更大的成就，拥有更多的收获。

更换传动轴

4）将传动轴两端放到V形架上，用磁性表座和百分表测传动轴中部的弯曲度。一般轿车的弯曲度应不大于0.1mm。

2. 万向联轴器的检修

1）检查万向联轴器叉和十字轴，不得有裂纹，否则应更换。

2）转动和晃动万向联轴器叉，不应有间隙，否则说明滚针轴承损坏，需更换十字轴和滚针轴承。

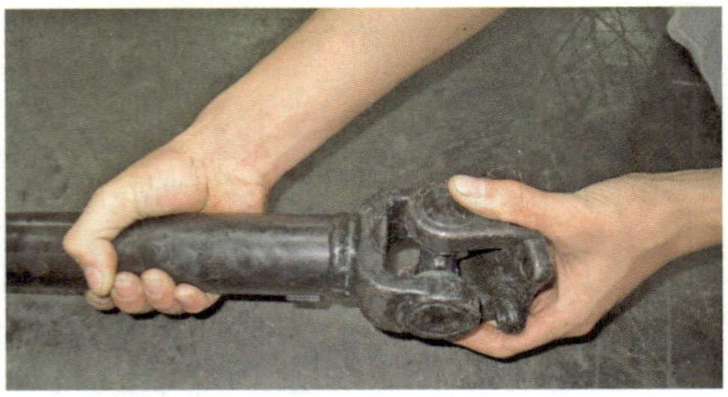

3. 万向联轴器的分解

1）用台虎钳夹住传动轴（不要把轴夹得太紧）。

随堂笔记

2）用螺钉旋具或卡簧钳拆下四个滚针轴承套卡环。

3）用一只手抓着传动轴，另一只手用锤子轻敲打万向联轴器叉的根部，靠着这个敲打的反力，振出滚针轴承。

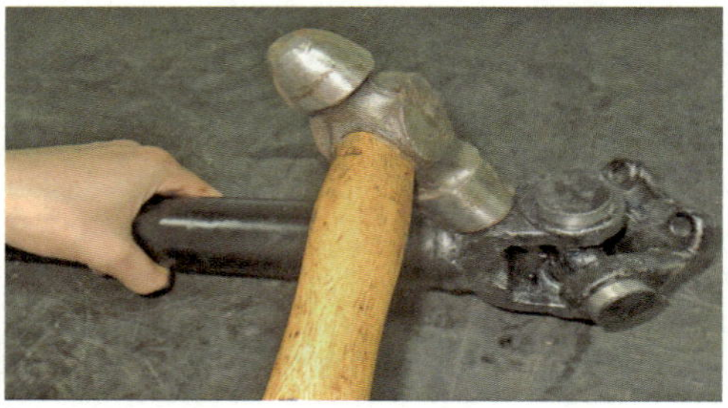

4）依次拆下另外三个滚针轴承。

5）将万向联轴器叉连同十字轴一起拆下。

4. 万向传动装置的安装

按与分解相反的顺序安装万向节。

注意事项：

1）安装滚针轴承套之前，应先在轴承套内涂润滑脂。

2）安装万向联轴器时，十字轴上的注油嘴应朝向轴管一侧，并与套管上的油嘴同位。

3）安装传动轴伸缩节时，应对正箭头进行安装，如果无箭头，同一根传动轴两端万向联轴器叉应在同一平面内。否则，可能造成传动轴运转时振动或损坏。

二、前轮驱动万向传动装置的检修

1. 就车检查

1）将车辆举升到较高位置。

2）检查左侧半轴内、外侧防尘套是否有裂纹、漏油等。

3）检查右侧半轴内、外侧防尘套是否有裂纹、漏油等。

随堂笔记

2. 驱动轴总成的拆卸

1）将车辆举升到中间位置。

2）用风动工具拆下前车轮。

3）使用合适的工具拆下前桥轮毂螺母。

4）拆下制动软管夹与轮速传感器线束夹固定螺栓。

5）使用合适的工具拆下转向节与减振器连接螺栓，分离转向节与减振器。

6）从前桥轮毂上拔出半轴。

7）用专用顶拔工具（SST）从变速驱动桥上拔出半轴总成。

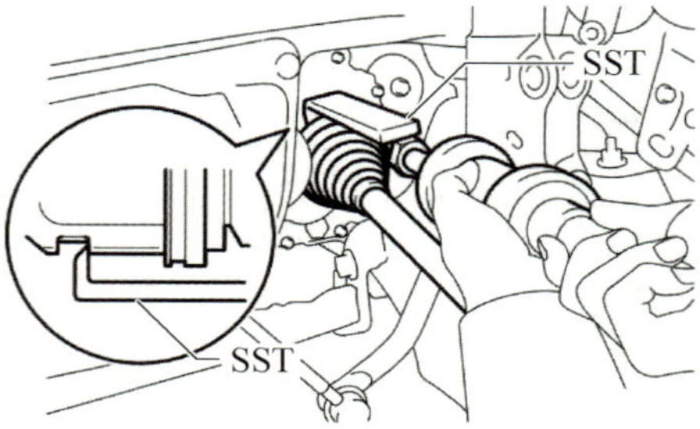

3. 防尘套的更换

随堂笔记

1）用一字螺钉旋具松开防尘套两端卡夹的锁紧部件。

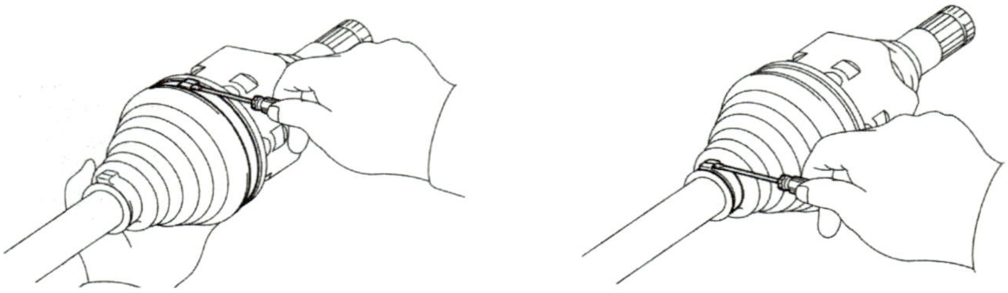

2）将防尘套与外侧万向联轴器分离。

3）清除万向联轴器上的旧润滑脂。

4）在内侧万向联轴器和外侧万向联轴器轴上做好装配标记。

5）将内侧万向联轴器从外侧万向联轴器轴上拆下。

6）使用卡环扩张器，拆下万向联轴器轴卡环。

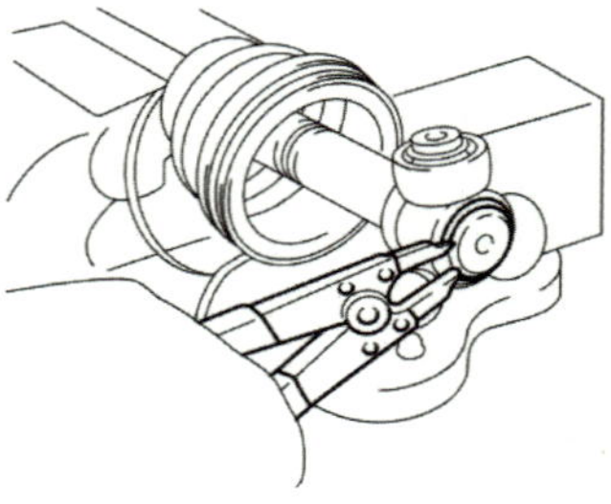

7）在万向联轴器轴和三销架上设置装配标记，再用铜棒和锤子从万向联轴器轴上敲出三销架。

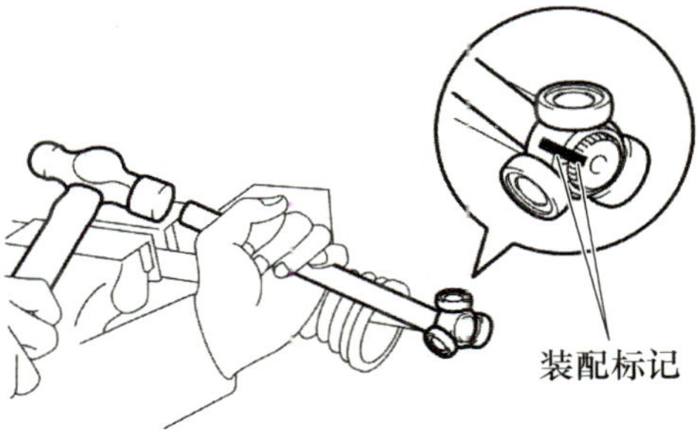

8）取下防尘套。

9）安装新的防尘套。

10）按与拆卸相反的顺序安装各零部件，更换所有的卡环和卡夹，加注标准量的润滑脂。

4. 驱动轴总成的安装

按与拆卸相反的顺序安装驱动轴总成，按规定力矩拧紧螺栓。

随堂笔记

随堂笔记

万向传动装置的检查与维护	工作任务单	班级：
		姓名：

一、车辆信息记录					
品牌		整车型号		生产年月	
发动机型号		发动机排量		行驶里程	
车辆识别代号					

二、后轮驱动万向传动装置的检修

检查项目	检查情况	判定	维修措施
传动轴	变形□ 裂纹□ 破损□ 松动□	正常□ 异常□	调整□ 维修□ 更换□
平衡重	变形□ 裂纹□ 破损□ 松动□	正常□ 异常□	调整□ 维修□ 更换□
旋转跳动量	变形□ 裂纹□ 破损□ 松动□	正常□ 异常□	调整□ 维修□ 更换□
万向节	变形□ 裂纹□ 破损□ 松动□	正常□ 异常□	调整□ 维修□ 更换□

三、前轮驱动万向传动装置的检修（左侧）

检查项目	检查情况	判定	维修措施
传动轴	变形□ 裂纹□ 破损□ 松动□	正常□ 异常□	调整□ 维修□ 更换□
万向联轴器	变形□ 裂纹□ 破损□ 松动□	正常□ 异常□	调整□ 维修□ 更换□
外侧防尘套	泄漏□ 裂纹□ 破损□ 松动□	正常□ 异常□	调整□ 维修□ 更换□
内侧防尘套	泄漏□ 裂纹□ 破损□ 松动□	正常□ 异常□	调整□ 维修□ 更换□

四、前轮驱动万向传动装置的检修（右侧）

检查项目	检查情况	判定	维修措施
传动轴	变形□ 裂纹□ 破损□ 松动□	正常□ 异常□	调整□ 维修□ 更换□
万向联轴器	变形□ 裂纹□ 破损□ 松动□	正常□ 异常□	调整□ 维修□ 更换□
外侧防尘套	泄漏□ 裂纹□ 破损□ 松动□	正常□ 异常□	调整□ 维修□ 更换□
内侧防尘套（更换）	泄漏□ 裂纹□ 破损□ 松动□	正常□ 异常□	调整□ 维修□ 更换□

五、查阅维修手册

部件名称	章节及页码	规格（米制）
	第 章 页	
	第 章 页	
	第 章 页	

万向传动装置的检查与维护		实习日期：	
姓名：	班级：	学号：	教师签名：
自评：□熟练　□不熟练	互评：□熟练　□不熟练	师评：□合格　□不合格	
日期：	日期：	日期：	

万向传动装置的检查与维护【评分细则】

序号	评分项	得分条件	分值	评分要求	自评	互评	师评
1	安全 / 7S/ 态度	□ 1. 能进行工位 7S 操作 □ 2. 能进行设备和工具安全检查 □ 3. 能进行车辆安全防护操作 □ 4. 能进行工具清洁、校准、存放操作 □ 5. 能进行三不落地操作	15 分	未完成 1 项 扣 3 分	□熟练 □不熟练	□熟练 □不熟练	□合格 □不合格
2	专业技能能力	作业 1 □ 1. 能正确地拆卸后轮驱动万向传动装置 □ 2. 能正确地检查传动轴 □ 3. 能正确地检查传动轴平衡重 □ 4. 能正确地测量传动轴是否变形 □ 5. 能正确地检查万向联轴器 □ 6. 能正确地维护万向联轴器 作业 2 □ 1. 能正确地拆卸半轴 □ 2. 能正确地检查传动轴 □ 3. 能正确地检查防尘套 □ 4. 能正确地拆卸内侧防尘套 □ 5. 能正确地拆卸球笼式万向联轴器卡环 □ 6. 能正确地拆卸球笼式万向联轴器 □ 7. 能正确地检查球笼式万向联轴器 □ 8. 能正确地安装球笼式万向联轴器 □ 9. 能正确地加注球笼套润滑油 □ 10. 能正确地安装防尘套 □ 11. 能正确地安装防尘套卡箍	50 分	未完成 1 项 扣 3 分，扣分不得超过 50 分	□熟练 □不熟练	□熟练 □不熟练	□合格 □不合格
3	工具及设备的使用能力	□ 1. 能正确地使用维修工具 □ 2. 能正确地使用量具 □ 3. 能正确地使用专用工具 □ 4. 能正确地使用橡胶槌	10 分	未完成 1 项 扣 3 分，扣分不得超过 10 分	□熟练 □不熟练	□熟练 □不熟练	□合格 □不合格
4	资料、信息查询能力	□ 1. 能正确地使用维修手册查询资料 □ 2. 能正确地查询球笼套润滑油型号 □ 3. 能正确地记录查询资料章节及页码 □ 4. 能正确地记录所需维修信息	10 分	未完成 1 项 扣 3 分，扣分不得超过 10 分	□熟练 □不熟练	□熟练 □不熟练	□合格 □不合格
5	数据判断和分析能力	□ 1. 能判断后驱传动轴是否正常 □ 2. 能判断后驱传动万向节是否正常 □ 3. 能判断防尘套是否正常 □ 4. 能判断球笼式万向节是否正常	10 分	未完成 1 项 扣 3 分，扣分不得超过 10 分	□熟练 □不熟练	□熟练 □不熟练	□合格 □不合格
6	表单填写和报告撰写能力	□ 1. 字迹清晰 □ 2. 语句通顺 □ 3. 无错别字 □ 4. 无涂改 □ 5. 无抄袭	5 分	未完成 1 项 扣 1 分	□熟练 □不熟练	□熟练 □不熟练	□合格 □不合格
总分：							

随堂笔记

任务四

后驱传动系统的检查与维护

学习目标

知识目标

1）掌握驱动桥的作用、类型与组成。

2）掌握驱动桥的工作过程。

技能目标

1）具有检查和更换后驱传动桥油的能力。

2）具有更换后驱传动桥密封件的能力。

3）具有分解和检查后驱传动桥部件的能力。

素养目标

随堂笔记

1）能够在工作过程中与小组其他成员合作、交流，养成团队合作意识，锻炼沟通能力。

2）养成 7S 工作习惯。

3）养成服从管理、规范作业的良好工作习惯。

任务描述

一位宝马 5 系轿车用户反映：后驱动桥齿轮油达到了更换周期。请你对后驱动桥齿轮油进行更换。

相关知识

一、驱动桥的作用

驱动桥的作用是将万向传动装置传递来的发动机动力经过降速增矩，改变动力传递方向，分配到左、右驱动轮，使汽车得以行驶，并允许左、右驱动轮以不同的转速行驶，如图 1-52 所示。

随堂笔记

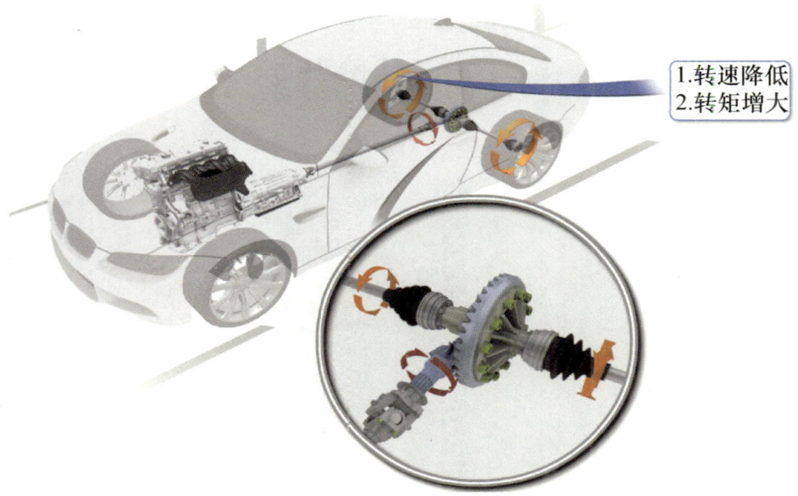

图 1-52　驱动桥的作用

二、驱动桥的组成

驱动桥是传动系统的最后面一个总成，它主要由主减速器（主动锥齿轮、从动锥齿轮）、差速器、半轴和桥壳等组成，如图 1-53 所示。

发动机的动力传到驱动桥后，首先传到主减速器，由其将转矩放大并降低转速后经差速器分配给左、右半轴，最后通过半轴外端的凸缘传到驱动车轮的轮毂。驱动桥的主要零部件都装在驱动桥的桥壳中。桥壳由主减速器壳和半轴套管等组成。

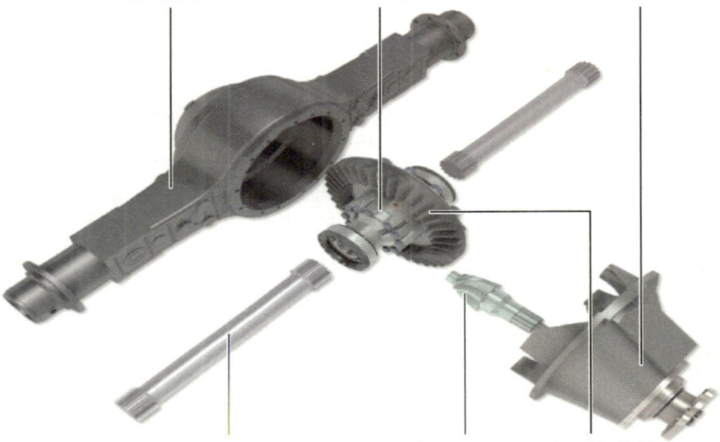

图 1-53　驱动桥的组成

三、驱动桥的分类

按照悬架结构的不同，驱动桥可以分为整体式驱动桥和断开式驱动桥。整体式驱动桥又称为非断开式驱动桥。

1. 整体式驱动桥

整体式驱动桥如图 1-54 所示，与非独立悬架配合使用。其驱动桥壳为一个刚性的整体，驱动桥两端通过悬架与车架或车身连接，左、右半轴始终在一条直线上，即左、右驱动轮不能相互独立地跳动。当某一侧车轮通过地面的凸出物或凹坑升高或下降时，整个驱动桥及车身都随之发生倾斜，车身波动大。

2. 断开式驱动桥

断开式驱动桥如图 1-55 所示，与独立悬架配合使用。其主减速器固定在车架或车身上，驱动桥壳制成分段并用铰链连接，半轴也分段并用万向节连接。驱动桥两端分别用悬架与车架或车身连接。这样，两侧驱动车轮及桥壳可以彼此独立地相对于车架或车身上下跳动。

图 1-54　整体式驱动桥

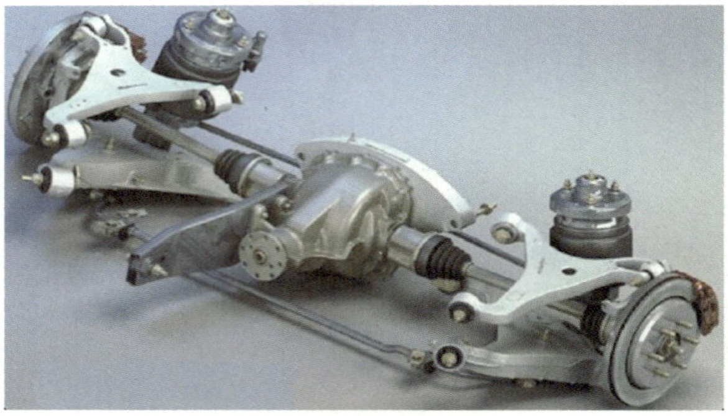
图 1-55　断开式驱动桥

四、驱动桥各部件的作用及工作原理

1. 主减速器

（1）主减速器的作用　主减速器的作用是将发动机通过离合器、变速器和传动轴传递过来的转速降低、转矩增大，并将动力传递方向改变后传给差速器，如图 1-56 所示。

随堂笔记

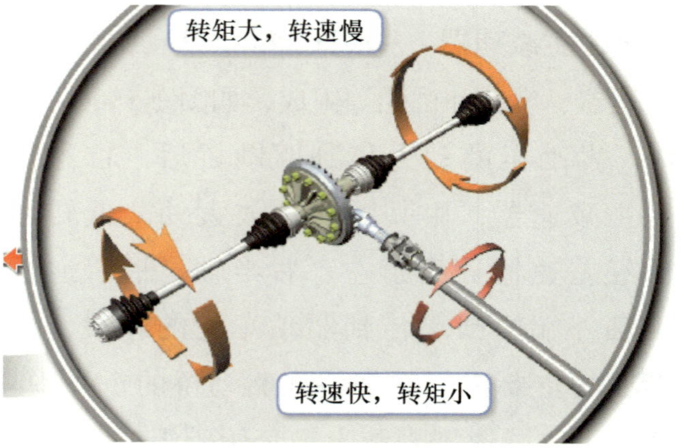

图 1-56　主减速器的作用

（2）主减速器的组成　主减速器主要由一对双曲面锥齿轮（主动锥齿轮、从动锥齿轮）及其支撑调整装置（前后轴承、轴承座、凸缘等）组成，如图 1-57 所示。

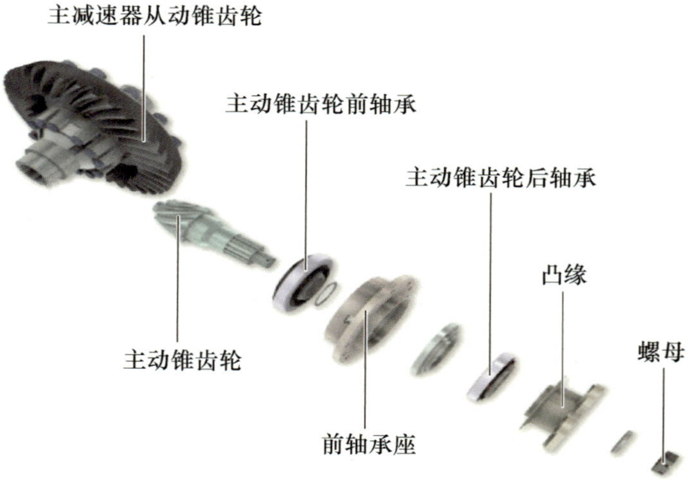

图 1-57　主减速器的组成

（3）主减速器的工作原理 主减速器是依靠齿数少的主动锥齿轮带动齿数多的从动锥齿轮来实现减速和增大转矩的，采用锥齿轮传动则可以改变转矩旋转方向。如图 1-58 所示，主动锥齿轮转 6 圈，从动锥齿轮转 1 圈。

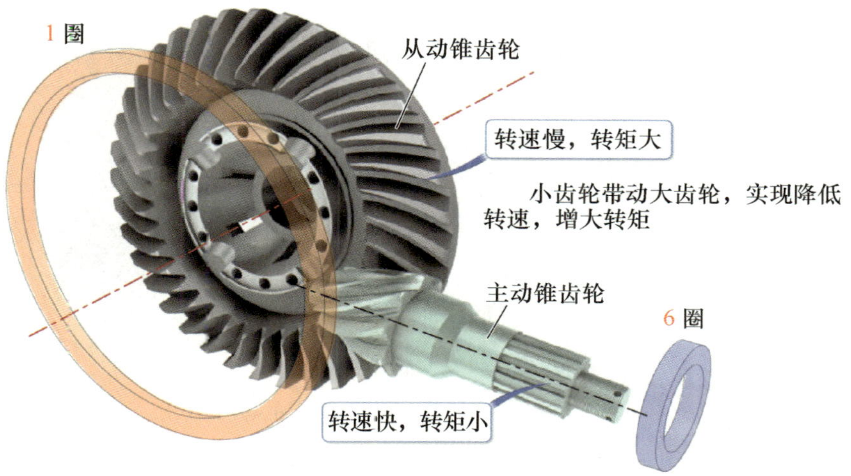

图 1-58 主减速器的工作原理图

2. 差速器

（1）差速器的作用 差速器的作用是将主减速器传来的动力传给左、右两半轴，并在必要时（如车辆转弯时）允许左、右半轴以不同转速旋转，以满足两侧驱动轮差速的需要，如图 1-59 所示。

随堂笔记

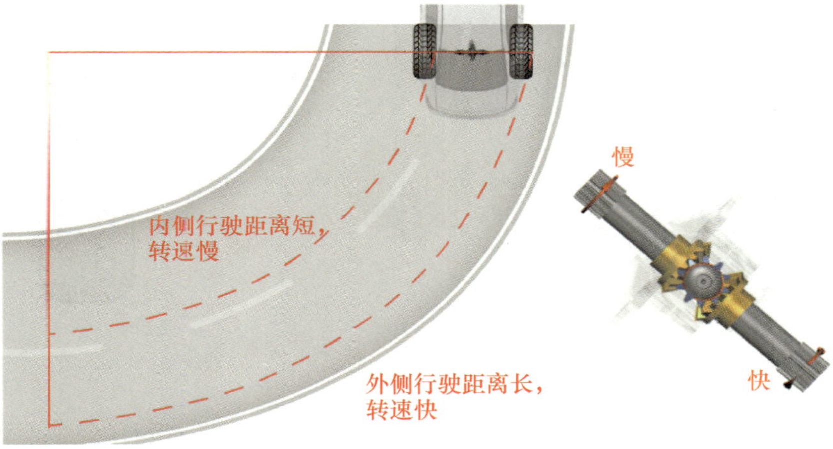

图 1-59 差速器的作用

（2）差速器的组成 行星锥齿轮式差速器由四个行星锥齿轮、一个十字形行星齿轮轴、两个半轴锥齿轮、差速器壳和垫片等组成，如图 1-60 所示。

（3）差速器的工作原理 主减速器的从动锥齿轮通过螺栓固定在差速器壳上，十字形的行星齿轮轴的四个轴颈嵌在差速器壳相应的孔内，每个轴颈上浮套着一个行星齿轮，它们均与两个半轴齿轮啮合。半轴齿轮分别支撑在差速器壳相应的左、右座孔中并用花键与半轴相连。动力自主减速器从动锥齿轮依次经差速器壳、十字轴、行星齿轮、半轴锥齿轮、半轴输出给左、右驱动轮。两侧车轮阻力相同时，两侧车轮以相同转速转动，此时行星齿轮绕半轴轴线转动——公转。当两侧车轮阻力不同时，行星齿轮在做上述公转运动的同时，还绕自身轴线转动——自转，因此两半轴齿轮可带动两侧车轮以不同的转速转动，如图 1-61 所示。

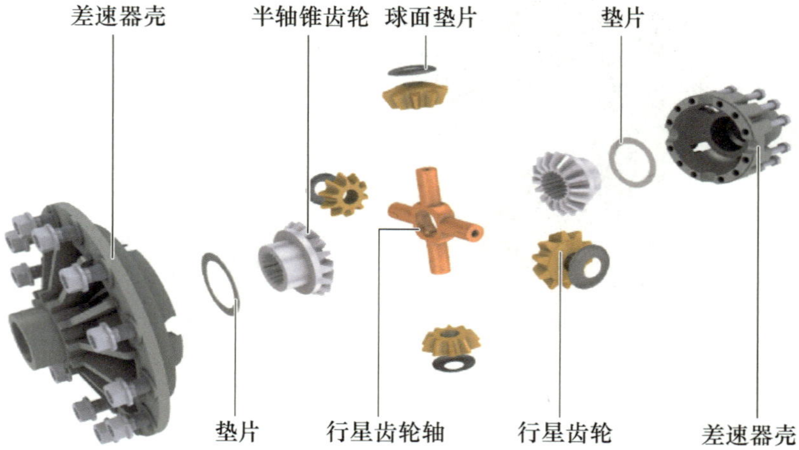

图 1-60　差速器的组成

随堂笔记

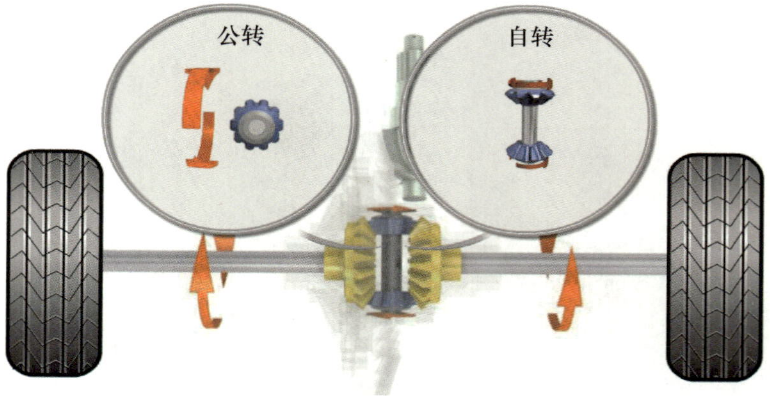

图 1-61　差速器的工作原理图

3. 半轴

（1）半轴的作用　半轴的作用是将差速器传来的动力传给左、右驱动轮，如图 1-62 所示。

（2）半轴的结构　半轴因传递的转矩较大，常制成实心轴，其结构因驱动桥结构形式的不同而异。整体式驱动桥中的半轴为一个刚性整轴，如图 1-63 所示，内端制有花键与半轴齿轮连接，外端制有凸缘与轮毂连接。

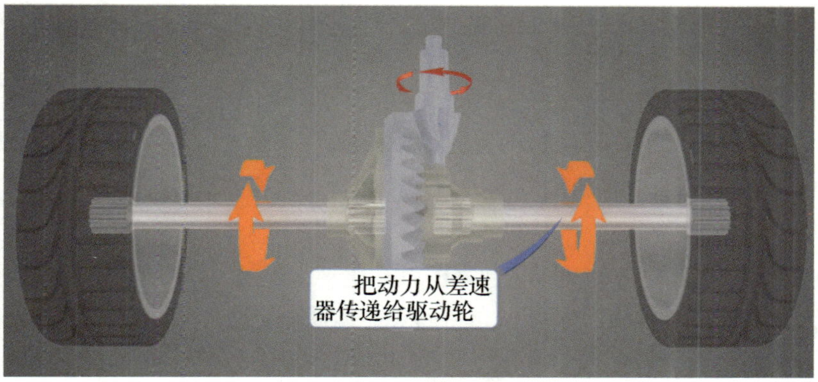

图 1-62　半轴的作用

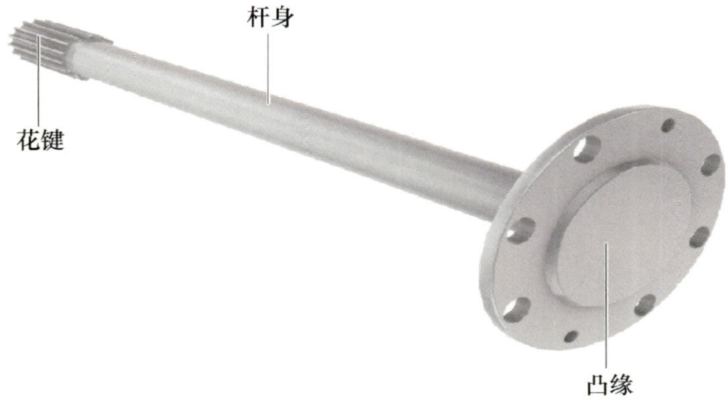

图 1-63　半轴的结构

4. 桥壳

驱动桥壳的功用是支撑并保护主减速器、差速器和半轴等；使左、右驱动车轮的轴向相对位置固定；与从动桥一起支撑车架及其上的各总成的质量；汽车行驶时，承受由车轮传来的路面反作用力和力矩并经悬架传给车架。其结构如图 1-64 所示。

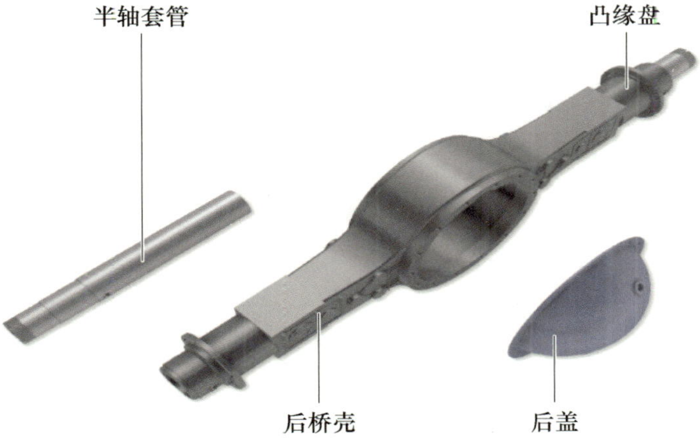

图 1-64　桥壳的结构

随堂笔记

后驱传动系统的检查与维护	学习任务单	班级：
		姓名：

1. 目前在大多数汽车上采用发动机前置前轮驱动或＿＿＿＿＿＿驱动两种驱动形式。其中，发动机前置前轮驱动汽车将来自发动机的驱动力通过传动桥、差速器直接传送到左侧和右侧驱动轴，再驱动车轮。

2. 驱动桥的作用是将万向传动装置传递来的发动机动力经过＿＿＿＿＿＿，改变动力传递方向，再分配到左、右驱动轮，使汽车得以行驶，并允许左、右驱动轮以＿＿＿＿＿＿的转速行驶。

3. 写出下图中零部件的名称。

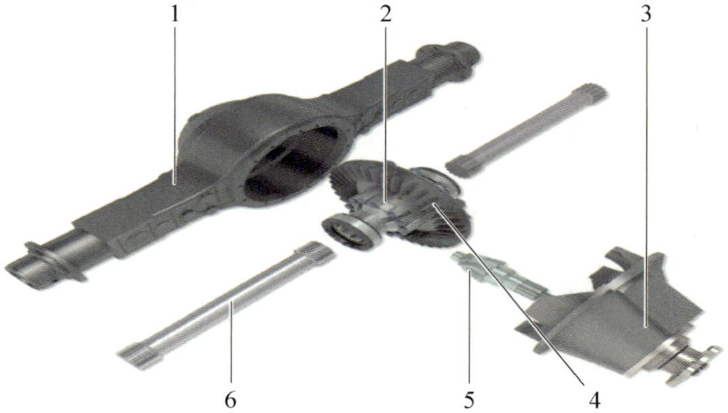

随堂笔记

1. ＿＿＿＿＿＿ 2. ＿＿＿＿＿＿ 3. ＿＿＿＿＿＿ 4. ＿＿＿＿＿＿

5. ＿＿＿＿＿＿ 6. ＿＿＿＿＿＿

4. 写出下图中零部件的名称。

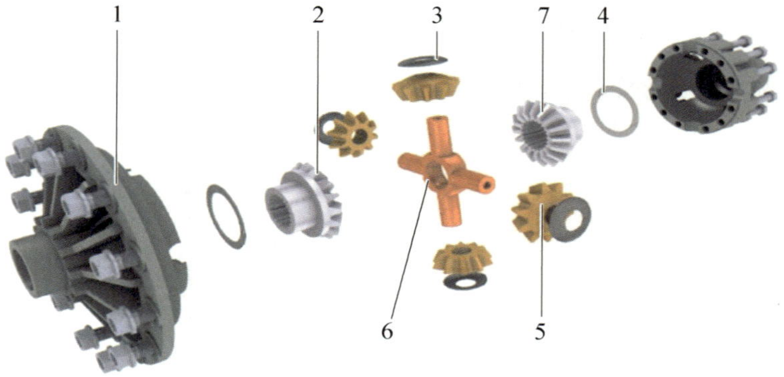

1. ＿＿＿＿＿＿ 2. ＿＿＿＿＿＿ 3. ＿＿＿＿＿＿ 4. ＿＿＿＿＿＿

5. ＿＿＿＿＿＿ 6. ＿＿＿＿＿＿ 7. ＿＿＿＿＿＿

任务实施

实训器材

宝马 5 系轿车或实训台架、齿轮油、常用维修工具和维修手册等。

作业准备

1）将车辆在工位停放周正。

2）铺好车内和车外护套。

情智知识

学会忍耐，万事贵在坚持

忍耐是一种工匠用心做事的谋略，不是消极沉默，而是蓄势待发。忍耐是意志的磨炼，爆发力的积蓄，学会忍耐是智慧的选择。人生不会总一帆风顺，很多时候我们要学会忍耐，因为忍耐会带给我们力量，忍耐会带给我们机会。忍耐的精神与态度，是许多人获得成功的关键。在我们追求、学习的路上，很多时候会遇到困难和挫折，这些困难和挫折可能会让我们看不到学习成材的希望。这个时候我们会产生一种错觉：我无法学好。于是，我们轻言放弃了。与此同时，我们也失去了这个获得学习成功的最好机会。像这样的放弃，在我们的学习过程中有多少？我们静下心来好好想过了吗？如果好好想一想我们就能明白，我们一次次放弃的，是一次次成功的机会。其实只要我们咬紧牙关，再多一点努力，再多一点坚持，就能成功。

随堂笔记

操作步骤

一、后驱动桥齿轮油油位和油质的检查

1. 油位的检查

1）使用合适的工具拆下后驱动桥壳体上的加油孔螺塞。

2）将食指伸到加油孔内，检查到齿轮油油位，应与加油孔下边沿平直。如果油位过低，应检查是否泄漏并添加齿轮油。

2. 油质的检查

1）将食指伸到加油孔内，蘸取少量齿轮油。

2）检查油液是否有异味、是否混浊。如果有异味或混浊，则更换后驱动桥齿轮油。

3）检查油液是否有细小的金属颗粒。如果有，则更换后驱动桥齿轮油。

扫一扫

更换后桥齿轮油

3. 齿轮油的更换

1）使用合适的工具拆下后驱动桥壳体上的加油孔螺塞。

2）使用合适的工具拆下后驱动桥排放孔螺塞并用容器接好油液。

随堂笔记

3）待后驱动桥齿轮油完全排净后，安装排放孔螺塞，按规定力矩拧紧。

4）用专用加注设备将齿轮油从加油孔泵入后驱动桥内，直到加油孔下沿有油液流出为止。

5）安装加油孔螺塞，按规定力矩拧紧。

二、后驱动桥壳体密封件的检查与更换

1. 密封件的检查

1）检查后驱动桥与传动轴接合处是否有油液漏出。如果有油液漏出，可能是驱动桥主减速器油封损坏，应更换主减速器油封。

2）检查后驱动桥左、右驱动轴接合处是否有油液漏出。如果有油液漏出，应更换驱动轴油封。

随堂笔记

2. 主减速器油封的更换

1）使用合适的工具拆下传动轴与主减速器凸缘的连接螺栓，分离传动轴。

2）使用合适的工具拆下主减速器凸缘的固定螺母。

3）拔下主减速器凸缘。

4）用专用工具拉出主减速器油封。

5）用抹布清洁主减速器凸缘油封座。

6）在新油封唇口上涂抹润滑脂。

7）用专用工具和锤子将油封敲入。

8）安装主减速器凸缘，将固定螺母拧紧到固定力矩。

9）安装传动轴与主减速器凸缘的连接螺栓，将固定螺母拧紧到固定力矩。

三、后驱动桥的拆卸与检修

1. 后驱动桥的拆卸

1）使用合适的工具拆下驱动桥壳下部的排放孔螺塞并用油桶接好废弃的齿轮油。

2）拆下驱动桥左、右两侧的车轮。

3）拆下左、右半轴的固定螺栓，取下左、右两侧半轴。

4）拆下传动轴与主减器的固定螺栓，取下传动轴总成。

5）拆下主减速器壳与驱动桥壳的固定螺栓，取下主减速器与差速器总成。

2. 后驱动桥的分解

1）在主减速器壳两侧轴承盖上做好记号并拆下固定螺栓，如图一所示。

2）取下两个轴承盖和调整螺母，如图二所示。

3）用专用工具固定好主动锥齿轮的凸缘并拆下凸缘的固定螺母，如图三所示。

4）取下主动锥齿轮凸缘和主动锥齿轮，如图四所示。

5）拆下从动盘齿轮与差速器壳体的固定螺栓，如图五所示。

6）从差速器壳上取下从动盘齿轮，如图六所示。

7）用细长的冲子拆下行星齿轮轴的固定锁销，如图七所示。

8）用锤子敲击拆下行星齿轮轴，如图八所示。

9）转动行星齿轮和半轴齿轮并取出，如图九所示。

随堂笔记

图一

图二

图三

图四

图五

图六

图七

图八

图九

3. 桥壳和半轴套管的检修

1）检查桥壳和半轴套管是否有裂纹，各部螺纹损伤不得超过 2 牙。

2）检查钢板弹簧座定位孔有无磨损。

3）检查滚动轴承内圈与桥壳的配合，不能过于松旷，否则应更换桥壳。

4. 半轴的检修

1）检查半轴是否有裂纹。

2）检查半轴花键，应无明显的扭转变形。

3）检查半轴内端花键齿与半轴齿轮的花键配合间隙，应不大于 0.80mm，否则应更换。

5. 主减速器壳的检修

1）检查主减速器壳体，应无裂损，各部位螺纹的损伤不得多于 2 牙，否则应更换。

2）检查差速器左、右轴承孔同轴度公差，应为 0.10mm。

6. 主减速器主、从动齿轮的检修

1）检查齿轮工作表面，不得有明显斑点、剥落、缺损和阶梯形磨损。

2）检查从动盘齿轮的铆钉连接，应牢固可靠；用螺栓连接的，连接螺栓的紧固力矩应符合原厂规定，紧固螺栓应锁止可靠。

3）齿轮必须成对更换。

随堂笔记

7. 差速器的检修

1）检查差速器壳，不得有裂纹，否则应更换。

2）检查差速器壳与行星齿轮、半轴锥齿轮垫片的接触面，应光滑、无沟槽。如果有小的沟槽可用砂纸打磨，并更换半轴锥齿轮垫片。

3）检查行星齿轮、半轴锥齿轮，不得有裂纹，工作表面不得有明显斑点、脱落和缺损。

4）检查差速器壳体与轴承、差速器壳与行星齿轮轴的配合，应没有间隙。

8. 滚动轴承的检修

1）检查轴承的钢球（或柱）和滚道，不得有伤痕、剥落、严重黑斑或烧损变色等缺陷，否则应更换。

2）检查轴承架，不得有缺口、裂纹、铆钉松动或钢球（或柱）脱出等现象，否则应更换。

9. 轮毂的检修

1）检查轮毂，应无裂纹，否则应更换。轮毂各部位螺纹的损伤不得多于 2 牙。

2）检查轮毂轴承孔与轴承滚道的配合，不得松动，否则应更换轮毂。

10. 后驱动桥的安装

按与拆卸相反的顺序安装后驱动桥总成，按规定力矩拧紧各螺栓。

后驱传动系统的检查与维护	工作任务单	班级：
		姓名：

一、车辆信息记录

品牌		整车型号		生产年月	
发动机型号		发动机排量		行驶里程	
车辆识别代号					

二、后驱动桥齿轮油液位的检查

检查项目	检查情况	检查结果	检查项目	检查情况	检查结果
齿轮油	低□ 高□ 无□	正常□ 异常□	齿轮油油质		正常□ 异常□

三、后驱动桥泄漏的检查

检查项目	泄漏检查情况	泄漏部位名称	维修措施
齿轮油	泄漏□ 正常□		更换□ 调整□ 紧固□ 无□

四、更换后驱动桥齿轮油

作业项目	维修资料			
齿轮油	齿轮油类型		更换周期	
	齿轮油容量		放油螺栓力矩	

五、后驱动桥的检查与维修

检查项目	检查情况	部位名称	维修措施
主减速器油封	泄漏□ 裂纹□ 破损□ 松动□		调整□ 维修□ 更换□
壳体密封件	泄漏□ 裂纹□ 破损□ 松动□		调整□ 维修□ 更换□
壳体	变形□ 裂纹□ 破损□ 松动□		调整□ 维修□ 更换□
半轴套管	变形□ 裂纹□ 破损□ 松动□		调整□ 维修□ 更换□
半轴	变形□ 裂纹□ 破损□ 松动□		调整□ 维修□ 更换□
主减速器	变形□ 裂纹□ 破损□ 松动□		调整□ 维修□ 更换□
差速器	变形□ 裂纹□ 破损□ 松动□		调整□ 维修□ 更换□
滚动轴承	变形□ 裂纹□ 破损□ 松动□		调整□ 维修□ 更换□
轮毂	变形□ 裂纹□ 破损□ 松动□		调整□ 维修□ 更换□

六、查阅维修手册

部件名称	章节及页码	规格（米制）
	第 章 页	
	第 章 页	
	第 章 页	

随堂笔记

后驱传动系统的检查与维护		实习日期：	
姓名：	班级：	学号：	教师签名：
自评：□熟练 □不熟练	互评：□熟练 □不熟练	师评：□合格 □不合格	
日期：	日期：	日期：	

后驱传动系统的检查与维护【评分细则】

序号	评分项	得分条件	分值	评分要求	自评	互评	师评
1	安全 / 7S/ 态度	□ 1. 能进行工位 7S 操作 □ 2. 能进行设备和工具安全检查 □ 3. 能进行车辆安全防护操作 □ 4. 能进行工具清洁、校准、存放操作 □ 5. 能进行三不落地操作	15 分	未完成 1 项扣 3 分	□熟练 □不熟练	□熟练 □不熟练	□合格 □不合格
2	专业技能能力	作业 1 □ 1. 能正确地拆卸放油螺塞 □ 2. 能正确地检查驱动桥液位 □ 3. 能正确地检查齿轮油油质 □ 4. 能正确地排放齿轮油 □ 5. 能正确地加注齿轮油 作业 2 □ 1. 能正确地检查壳体密封件 □ 2. 能正确地检查主减速器油封 □ 3. 能正确地检查驱动桥壳体 □ 4. 能正确地检查左、右半轴套管 □ 5. 能正确地拆卸分离驱动桥 □ 6. 能正确地拆卸主减速器 □ 7. 能正确地检查主减速器 □ 8. 能正确地拆卸左、右半轴 □ 9. 能正确地检查左、右半轴	50 分	未完成 1 项扣 3 分	□熟练 □不熟练	□熟练 □不熟练	□合格 □不合格
3	工具及设备的使用能力	□ 1. 能正确地使用维修工具 □ 2. 能正确地使用油液加注工具 □ 3. 能正确地使用量具 □ 4. 能正确地使用预紧式扭力扳手	10 分	未完成 1 项扣 3 分，扣分不得超过 10 分	□熟练 □不熟练	□熟练 □不熟练	□合格 □不合格
4	资料、信息查询能力	□ 1. 能正确地使用维修手册查询资料 □ 2. 能正确地查询齿轮油型号 □ 3. 能正确地记录查询资料章节及页码 □ 4. 能正确地记录所需维修信息	10 分	未完成 1 项扣 3 分，扣分不得超过 10 分	□熟练 □不熟练	□熟练 □不熟练	□合格 □不合格
5	数据判断和分析能力	□ 1. 能判断驱动桥液位加注量 □ 2. 能判断后驱动桥壳体是否泄漏 □ 3. 能判断后驱动桥各部件是否正常	10 分	未完成 1 项扣 3 分	□熟练 □不熟练	□熟练 □不熟练	□合格 □不合格
6	表单填写和报告撰写能力	□ 1. 字迹清晰 □ 2. 语句通顺 □ 3. 无错别字 □ 4. 无涂改 □ 5. 无抄袭	5 分	未完成 1 项扣 1 分	□熟练 □不熟练	□熟练 □不熟练	□合格 □不合格
总分：							

随堂笔记

项目二 / Project 2

液力自动变速系统的检查与维护

任务一

自动变速器液压系统的检查与维护

学习目标

知识目标

1）能够叙述自动变速器的组成及其作用。

2）能够认识自动变速器的类型。

3）能够叙述单排行星齿轮机构的工作特性。

技能目标

1）具有正确、规范地检查并更换自动变速器油（ATF）和滤清器的能力。

2）具有吊装自动变速器的能力。

3）具有正确拆卸和检查自动换档机构的能力。

随堂笔记

素养目标

1）培养团队精神和集体主义精神。

2）加强环境保护和工作安全的意识。

3）树立为客户服务的观念。

任务描述

一位丰田卡罗拉 1.6AT 轿车车主反映：自动变速器油液已经达到更换周期。请你对 ATF 进行检查并更换。

相关知识

自动变速器（Automatic Transmission，AT）是指汽车驾驶中离合器和变速器的操纵都实现了自动化。目前，自动变速器的自动换档等过程都是由自动变速器的电控单元（ECU）控制的，因此，自动变速器又可简称为 EAT、ECAT、ECT 等。

一、自动变速器的优点

变速器是发动机与车轮负载之间的传动装置之一，它的功能是通过变化传动比保证发动机工作在最佳状态，并将发动机动力可靠地传递到驱动车轮，它同时影响着动力的生成和传递过程。自动变速是指变速器在完成上述功能时，可以自动变换传动比，无须驾驶人的手动控制，因此，相比手动变速器，自动变速器有以下优点：

(1) 操作便捷　行驶过程中只需对节气门开度进行操控，降低了驾驶人的劳动强度，如图 2-1 所示。

图 2-1　手动变速器汽车与自动变速器汽车的操纵

a）手动变速器汽车　b）自动变速器汽车

(2) 车辆使用性能更优　自动变速的传动比调节受控于电控系统控制策略，优化的控制算法和专业驾驶经验的结合使得车辆的综合性能更优。部分车型还可根据驾驶人的喜好和路况选择换档模式（正常模式与动力模式），改进了燃油的经济性和驱动性能，如图 2-2 所示。

随堂笔记

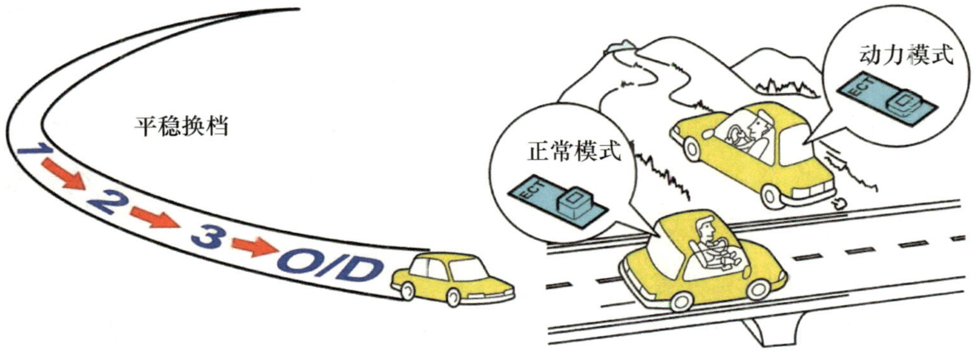

图 2-2　自动变速器根据不同路况可以改变驱动模式

(3) 车辆更加平顺、舒适　自动变速器对冲击抖动问题进行算法优化和大量的测试标定，以消除或降低冲击感，使乘坐更加平顺、舒适，也有助于降低传动系统的冲击载荷，延长传动系统的使用寿命。

二、自动变速器的分类

目前，车辆上应用的自动变速器品种比较多，可以根据传动原理、车辆的驱动方式和前进档的档位数进行分类，具体如下。

1. 按传动原理分类

自动变速器按传动原理可以分为液力式自动变速器、无级自动变速器和双离合式自动变速器，如图 2-3 所示。

a)　　b)　　c)

图 2-3　自动变速器按传动原理分类

a）液力式自动变速器　b）无级自动变速器　c）双离合式自动变速器

（1）液力式自动变速器　液力式自动变速器简称 AT，它采用液力变矩器加行星齿轮传动的组合形式，通过液压操控换档离合器或换档制动器来进行换档。目前，液力式自动变速器在中国市场的份额最大、应用最广泛。乘用车使用的液力式自动变速器档位数多为 4~6 档。

随堂笔记

（2）无级自动变速器　无级自动变速器简称 CVT，其传动比能在一定范围内连续无级变化，但其传动效率一般低于齿轮传动。目前，应用最广泛的无级自动变速器是金属钢带式无级自动变速器。

（3）双离合式自动变速器　双离合式自动变速器简称 DCT 或 DSG。根据离合器的操控和润滑形式，双离合式自动变速器分为干式双离合式自动变速器和湿式双离合式自动变速器两种结构形式。

2. 按车辆的驱动方式分类

自动变速器按车辆的驱动方式，可以分为自动变速器（后驱）和自动变速传动桥（前驱），如图 2-4 所示。

自动变速器用于发动机前置后轮驱动的布置形式，变速器与主减速器、差速器分开。用于发动机前置前轮驱动布置形式的自动变速器常与主减速器、差速器制成一个总成，因此也称为自动变速传动桥。

3. 按前进档的档位数分类

按前进档的档位数不同，自动变速器可以分为四档、五档、六档和八档自动变速器等。目前，比较常见的自动变速器是四档自动变速器和五档自动变速器，在中高级轿车上采用六档甚至八档自动变速器的也较多。

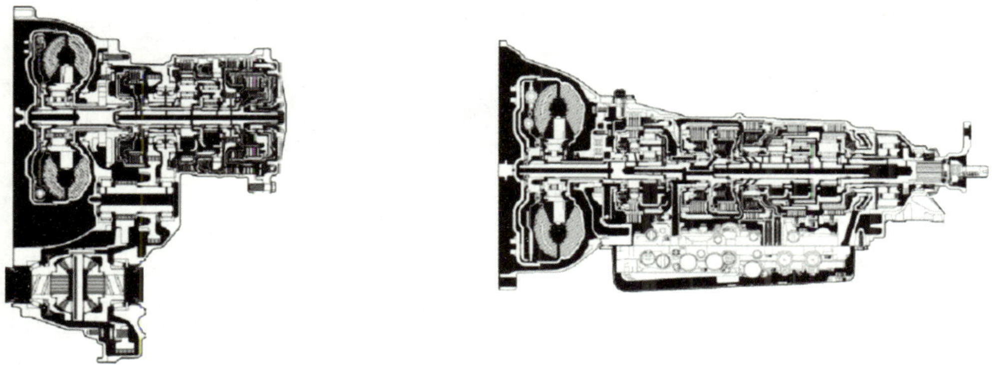

图 2-4　自动变速器按驱动方式分类

a）自动变速传动桥　b）自动变速器

三、液力式自动变速器的基本组成

液力式自动变速器主要由液力变矩器、齿轮变速机构、换档执行元件、液压控制系统、电子控制系统及冷却滤油装置等组成，如图 2-5 所示。

随堂笔记

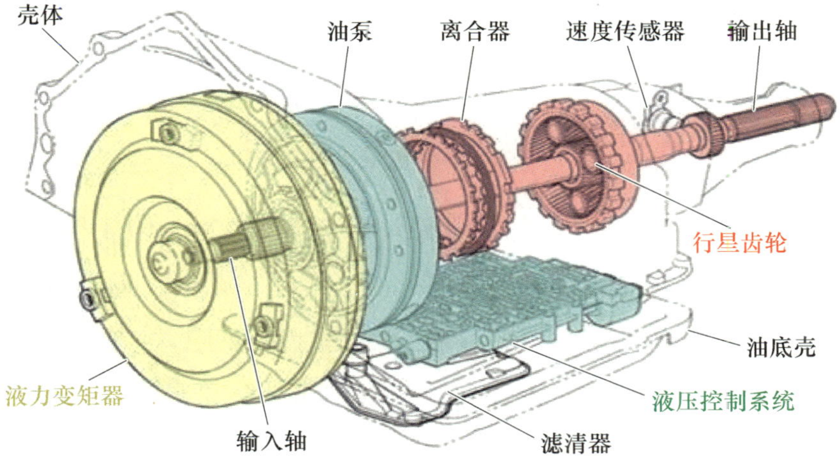

图 2-5　液力式自动变速器的组成

1. 液力变矩器

液力变矩器（图 2-6）位于自动变速器的最前端，安装在发动机的飞轮上。它是一个通过 ATF 传递动力的装置，可以实现动力的柔和传递。

液力变矩器的主要作用是利用循环流动的 ATF 将发动机的动力传递给自动变速器齿轮变速机构的输入轴，并根据汽车行驶阻力的变化在一定范围内自动改变传动比，具有一定的减速增矩功能。液力变矩器还具有自动离合器的作用，在发动机不熄火、自动变速器位于动力档（D 位或 R 位）的情况下，使汽车可以处于停车状态。

图 2-6　液力变矩器

2. 齿轮变速机构

齿轮变速机构可形成不同的传动比，组合成自动变速器不同的档位。目前，绝大多数自动变速器采用行星齿轮变速机构进行变速，有的车型采用平行轴式普通齿轮变速机构（如本田车系）进行变速。

（1）单排行星齿轮机构　单排行星齿轮机构主要由一个太阳轮、一个行星齿轮与行星架组件和一个齿圈组成，如图 2-7 所示。

随堂笔记

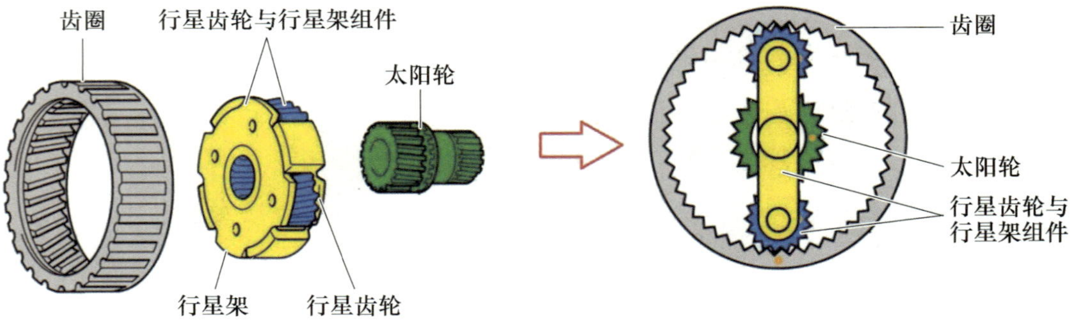

图 2-7　单排行星齿轮结构图

齿圈又称为齿环，制有内齿。太阳轮位于行星齿轮机构的中心，行星齿轮与太阳轮外啮合、与齿圈内啮合。通常，行星齿轮有 3~6 个，通过滚针轴承安装在行星齿轮轴上，行星齿轮轴对称、均匀地安装在行星架上，它们组成一个行星齿轮与行星架组件。行星齿轮机构工作时，行星齿轮除了绕自身轴线自转外，同时还绕着太阳轮公转，行星架也绕太阳轮旋转。由于太阳轮与行星齿轮是外啮合，所以两者的旋转方向是相反的，而行星齿轮与齿圈是内啮合，因此这两者的旋转方向是相同的。

（2）单排行星齿轮变速原理　由于单个行星排有三个元件，如果其中一个元件做输入，另一个元件做输出，还有一个元件就必须约束或限制（固定），否则它们是自由的，无法传递动力。行星齿轮传递动力通过切换输入、输出和固定件，就能够实现减速档、倒车档、直接档和超速档。

1）减速档。齿圈为主动件（输入），行星架为从动件（输出），太阳轮固定，如图 2-8 所示。由于太阳轮固定，仅小齿轮转动和回转，因此输出轴只通过小齿轮的转动与输入轴成比例地减速，此时输出与输入转向相同，为减速档。

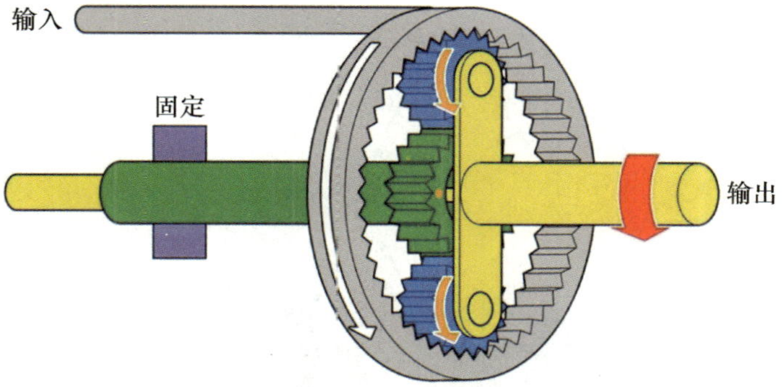

图 2-8 减速档传动原理图

2）倒车档。太阳轮为主动件（输入），齿圈为从动件（输出），行星架固定，如图 2-9 所示。此时由于行星架固定，当太阳轮转动时，带动行星齿轮在行星架上反向旋转，再带动齿圈反向旋转，此时输出与输入转向相反并且速度降低，可以作为倒车档使用。

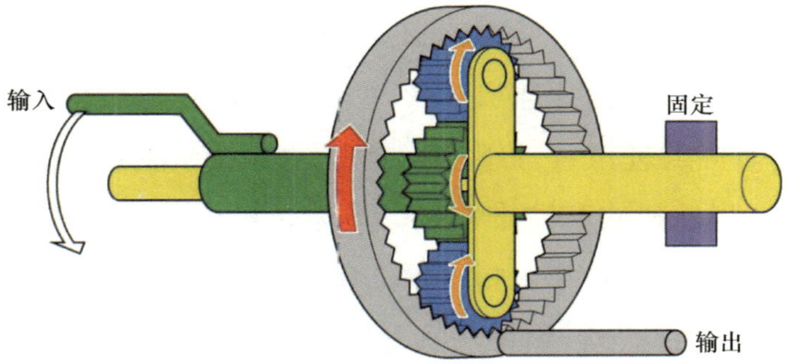

图 2-9 倒车档传动原理图

3）直接档。将太阳轮和齿圈连接起来同时作为主动件（输入），行星架为从动件（输出），如图2-10所示。由于太阳轮和齿圈连为一体，第三个元件无法自由转动，此时输出与输入转速、转向都相同，为直接档。

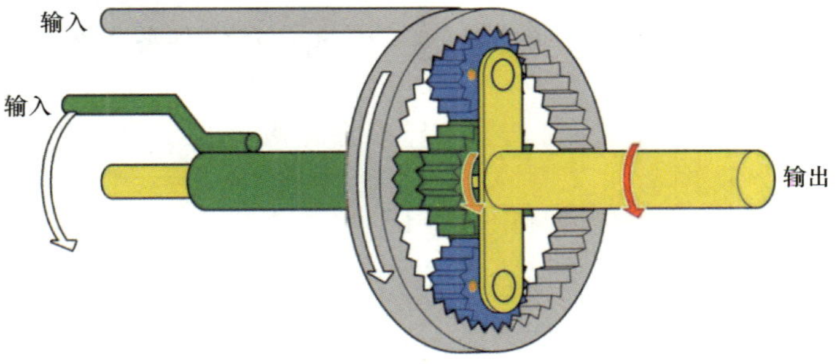

图 2-10 直接档传动原理图

随堂笔记

4）超速档。行星架为主动件（输入），齿圈为从动件（输出），太阳轮固定，如图 2-11 所示。由于太阳轮固定，行星架作为输入件带动行星齿轮在太阳轮上旋转，行星齿轮带动齿圈同向转动，且齿圈的转速会大于行星架的转速。此时，输出与输入转向相同，并且速度加快，可以作为超速档使用。

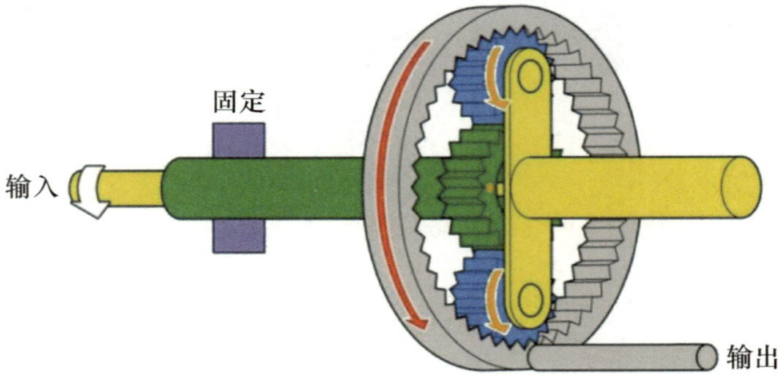

图 2-11　超速档传动原理图

5）空档。太阳轮、齿圈和行星架三个元件没有任何约束，则各元件的运动是不确定的，此时为空档。

随堂笔记

（3）组合的行星齿轮机构　液力式自动变速器中的行星齿轮变速机构一般是采用 2~3 个行星排组成行星齿轮变速机构传递动力，其各档传动就是根据上述单排行星齿轮变速机构传动特点进行合理组合得到的。目前在液力式自动变速器上采用较多的是辛普森式行星齿轮机构和拉维娜式行星齿轮机构。

辛普森式行星齿轮机构的结构如图 2-12 所示，它的结构特点是采用三个行星排，其中前排为单行星排，后两个行星排巧妙地组合在一起。

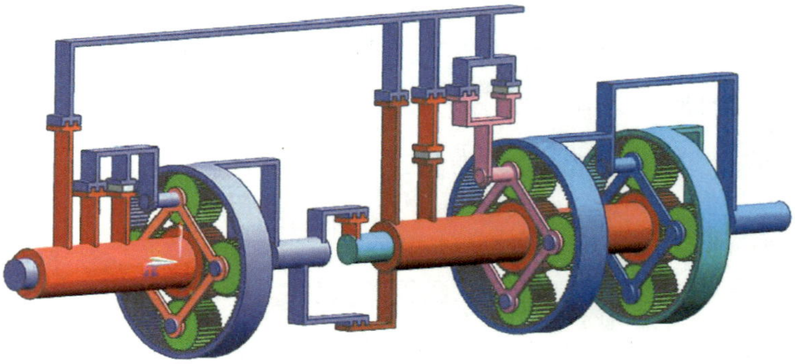
图 2-12　辛普森式行星齿轮机构的结构

拉维娜式行星齿轮机构的结构如图 2-13 所示，它的特点是采用长度不同的双行星齿轮进行组合。

3. 换档执行元件

自动变速器换档执行元件主要包括离合器、制动器（图 2-14）和单向离合器，离合器和制动器由液压控制系统控制其工作。换档执行元件的作用是连接或约束行星排某个元件，从而改变传动比或传动方向。

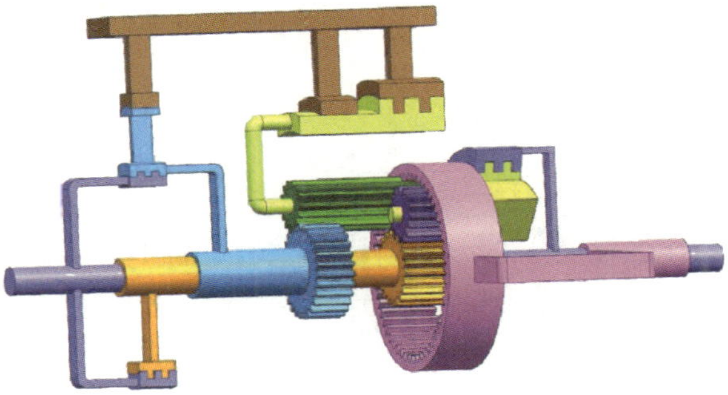

图 2-13　拉维娜式行星齿轮机构的结构

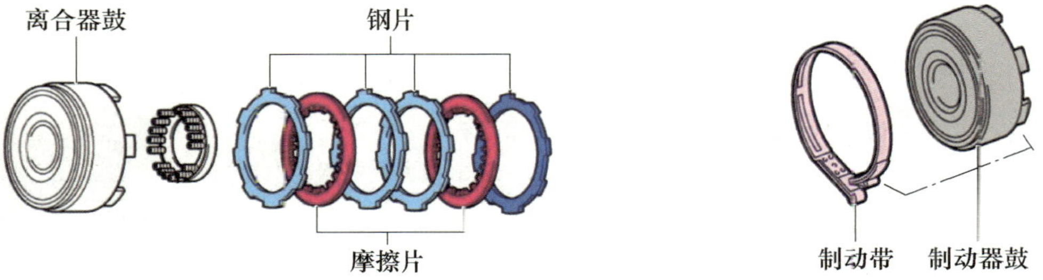

a)　　　　b)

图 2-14　部分换档执行元件

a）离合器　b）带式制动器

随堂笔记

4. 液压控制系统

液压控制系统是由油泵、各种控制阀（图 2-15）及与之相连通的液压换档执行元件组成的，如离合器液压缸、制动器液压缸等组成液压控制回路。汽车行驶中，根据驾驶人的要求和行驶条件的需要，改变离合器和制动器工作状况可实现齿轮变速机构的自动换档。

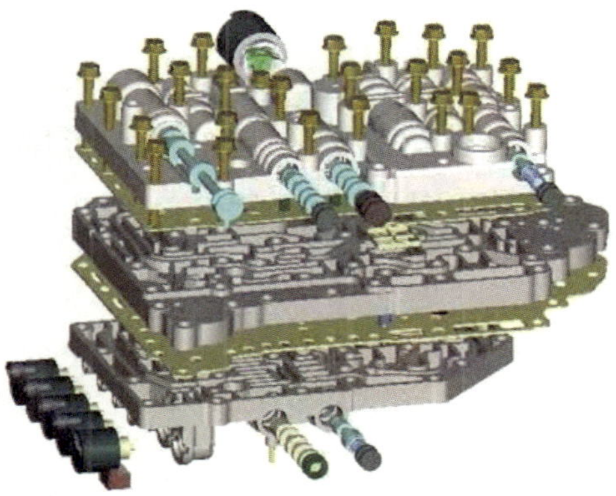

图 2-15　液压控制系统阀板与控制阀

5. 电子控制系统

电子控制系统的组成如图 2-16 所示，其主要包括各类传感器及开关、电控单元（ECU）和执行器等。电子控制系统中的传感器及各种控制开关将发动机工况、车速等信号传递给电控单元，经 ECU 处理后发出控制指令给执行器，执行器和液压系统按一定规律控制换档执行元件（电磁阀）工作，实现自动变速器的自动换档。

6. 冷却滤油装置

ATF 在自动变速器工作过程中会因冲击和摩擦产生热量，并吸收齿轮传动过程

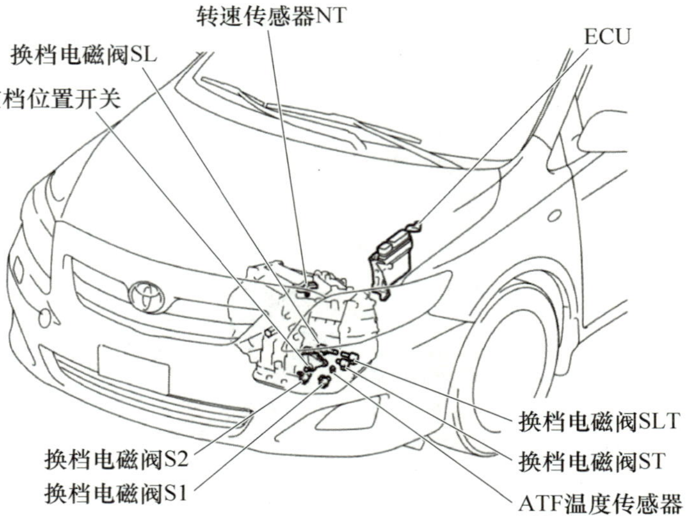

图 2-16　电子控制系统的组成

中所产生的热量，油温将会升高。油温升高将导致 ATF 黏度下降，传动效率降低，因此必须对 ATF 进行冷却，保持油温在 80~90℃。ATF 是通过油冷却器与冷却液或空气进行热量交换的。ATF 散热循环的路径是：变矩器的部分油液循环后，经过散热器管路进入冷却散热器进行冷却，然后流回变速器油底壳或润滑油道，如图 2-17 所示。ATF 散热器一般与发动机冷却液散热器制成一体，但也有独立安装的。

随堂笔记

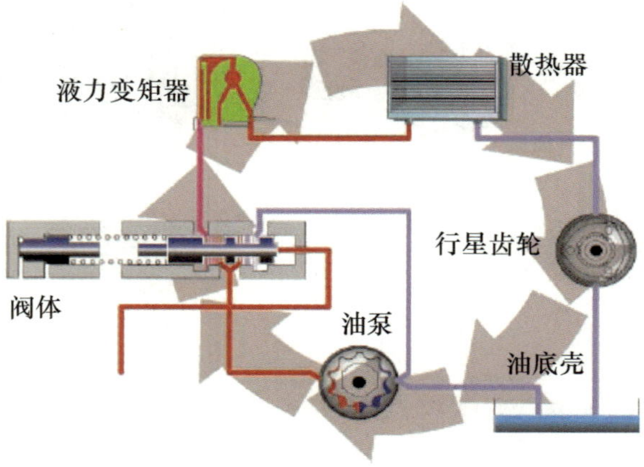

图 2-17　ATF 散热循环路径

自动变速器工作过程中各部件磨损产生的机械杂质，由滤清器从油中过滤分离出去，以减少机件的磨损，防止液压油路的堵塞和控制阀的卡滞。滤清器一般安装在油底壳油泵的吸油口处。

四、液力式自动变速器的基本工作原理

液力式自动变速器有液控液力自动变速器和电控液力自动变速器两种，两种形式的自动变速器机械传动部分的结构与工作原理基本相同，区别主要在控制部分。

1. 液控液力自动变速器的组成与工作原理

液控液力自动变速器的组成和工作原理如图 2-18 所示。液控液力自动变速器通过机械传动方式，将汽车行驶时的车速和节气门开度这两个主控制参数转变为液压控制信号；液压控制系统的阀板总成中的各控制阀根据这些液压控制信号的变化，按照设定的换档规律操纵换档执行元件，实现自动换档。

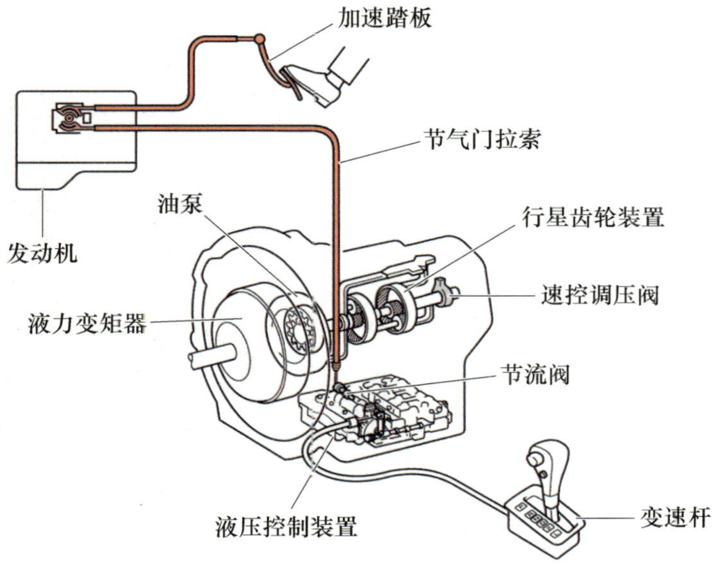

图 2-18　液控液力自动变速器的组成和工作原理

2. 电控液力自动变速器的组成和工作原理

电控液力自动变速器的组成和工作原理如图 2-19 所示。电控液力自动变速器通过各种传感器将发动机的转速、节气门开度、车速、发动机冷却液温度、ATF 温度等参数信号输入 ECU，ECU 根据这些信号，按照设定的换档规律，向换档电磁阀、油压电磁阀等发出动作控制信号，换档电磁阀和油压电磁阀将 ECU 的动作控制信号转变为液压控制信号，阀板中的各控制阀根据这些液压控制信号控制换档执行元件的动作，从而实现自动换档。

随堂笔记

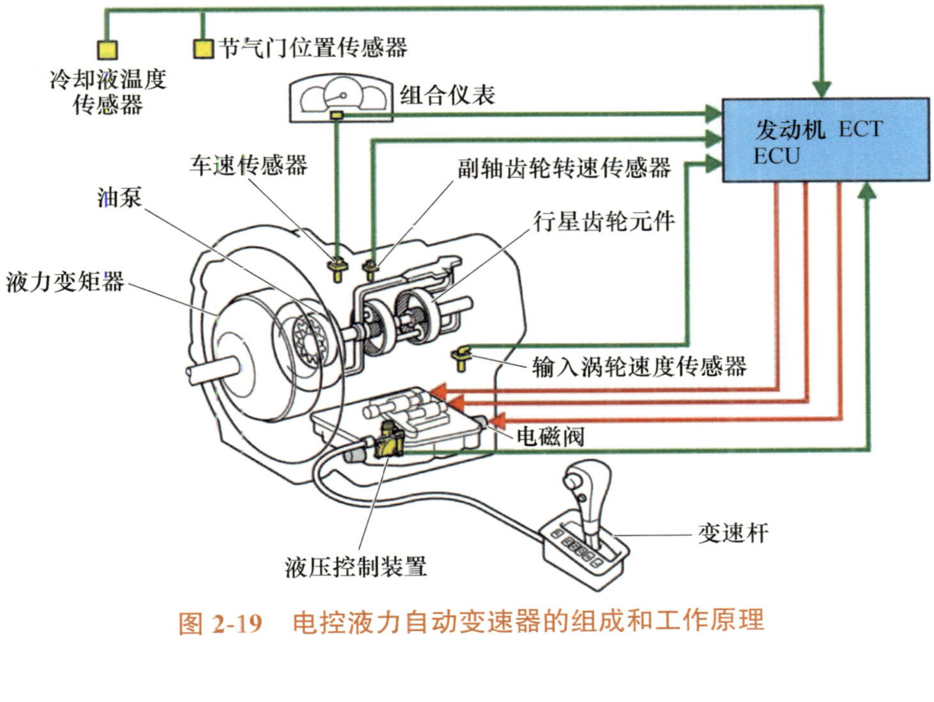

图 2-19　电控液力自动变速器的组成和工作原理

五、自动变速器变速杆的使用

汽车自动变速器的变速杆通常有六或七个位置，如图 2-20 所示，其功能如下。

图 2-20　自动变速器变速杆

P 位：驻车档。变速杆置于此位置时，驻车锁止机构将自动变速器输出轴锁止。

R 位：倒档。变速杆置于此位置时，液压系统倒档油路被接通，驱动轮反转，实现倒向行驶。

N 位：空档。变速杆置于此位置时，所有机械变速器的齿轮机构空转，不能输出动力。

D 位：前进档。变速杆置于此位置时，液压系统控制装置根据节气门开度信号和车速信号自动接通相应的前进档油路，齿轮变速机构在换档执行元件的控制下得到相应的传动比。随着行驶条件的变化，在前进档中自动升、降档实现自动变速功能。

随堂笔记

3 位：高速发动机制动档。变速杆置于此位置时，液压系统只能接通前进档的一档、二档、三档油路，自动变速器只能在这三个档位间自动换档，无法升入四档，从而使汽车获得发动机制动效果。

2 位：中速发动机制动档。变速杆置于此位置时，液压控制系统只能接通前进档的一档、二档油路，自动变速器只能在这两个档位间自动换档，无法升入更高的档位，从而使汽车获得发动机制动效果。

L 位（也称 1 位）：低速发动机制动档。变速杆置于此位置时，汽车被锁定在前进档的一档，只能在该档位行驶而无法升入高档，发动机制动效果更强。

只有当变速杆置于 N 位或 P 位时，才能起动发动机。此功能靠空档起动开关来实现。

自动变速器液压系统的检查与维护	学习任务单	班级：
		姓名：

1. 自动变速器，简称＿＿＿＿＿＿，是指汽车驾驶中离合器的操纵和＿＿＿＿＿＿的操纵都实现了自动化。因此，它具有＿＿＿＿＿＿，车辆使用性能更优和车辆更加平顺、舒适等优点，目前在大多数乘用车中得到使用。

2. 自动变速器按传动原理可以分为＿＿＿＿＿＿式自动变速器、无级自动变速器和＿＿＿＿＿＿式自动变速器。

3. 自动变速器按车辆的驱动方式可以分为＿＿＿＿＿＿和自动变速传动桥，其中用于发动机前置后轮驱动的布置形式的是＿＿＿＿＿＿。

4. 写出下图中数字所指零部件的名称。

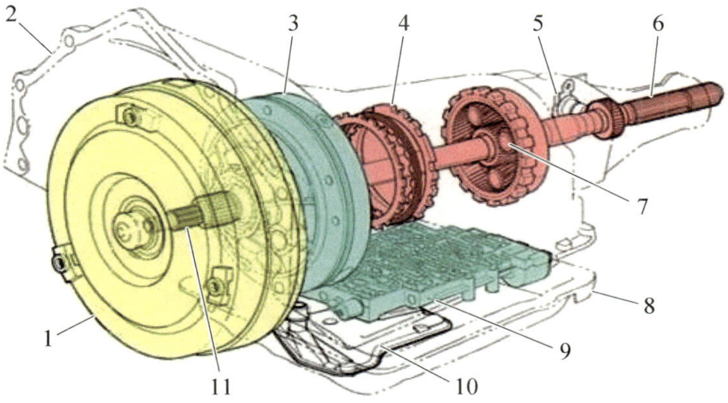

1. ＿＿＿＿＿＿ 2. ＿＿＿＿＿＿ 3. ＿＿＿＿＿＿ 4. ＿＿＿＿＿＿

5. ＿＿＿＿＿＿ 6. ＿＿＿＿＿＿ 7. ＿＿＿＿＿＿ 8. ＿＿＿＿＿＿

9. ＿＿＿＿＿＿ 10. ＿＿＿＿＿＿ 11. ＿＿＿＿＿＿

5. 目前，绝大多数电控自动变速器采用行星齿轮变速机构进行变速。单排行星齿轮变速机构主要由一个＿＿＿＿＿＿、一个行星齿轮与行星架组件和一个＿＿＿＿＿＿组成。

6. 单个行星排有三个元件，如果其中一个元件做输入，另一个元件做输出，还有限制一个元件运动，就能传递动力。若齿圈为输入，行星架为输出，太阳轮固定，此时为＿＿＿＿＿＿档。若太阳轮为输入，齿圈为输出，行星架固定，此时为＿＿＿＿＿＿档。若将太阳轮和齿圈连接起来同时作为输入，行星架为输出，此时为＿＿＿＿＿＿档。若行星架为输入，齿圈为输出，太阳轮固定，此时为＿＿＿＿＿＿档。若太阳轮、齿圈和行星架三个元件没有任何约束，此时为＿＿＿＿＿＿档。

7. 电控自动变速器换档执行元件主要包括＿＿＿＿＿＿、制动器和单向离合器。

8. 液压控制系统是由＿＿＿＿＿＿、各种控制阀及与之相连通的液压换档执行元件组成的。

9. 电子控制系统主要包括各类传感器及开关、＿＿＿＿＿＿和执行器等。

10. 汽车自动变速器的变速杆通常有六或七个位置，其中P位是＿＿＿＿档；R位是＿＿＿＿档；N位是＿＿＿＿＿＿档；D位是＿＿＿＿＿＿档；L位是＿＿＿＿＿＿档。如果想起动发动机，必须将变速杆置于＿＿＿＿＿＿位或＿＿＿＿＿＿位。

随堂笔记

任务实施

实训任务 1　油位、油质的检查与 ATF 的更换

实训器材

丰田卡罗拉轿车或实训台架、ATF 加注机、废油回收装置、常用工具和维修手册等。

情智知识

感恩做人，快乐做事

感恩是一种处世哲学，是做人的大智慧。在当今高速发展的社会，我们常常对周围的一切不以为意，有些人把金钱和利益看得太重，而忽视了人与人之间的感情，觉得父母的细心照顾、同学与朋友的关心帮助都是理所当然的。

感恩是一种发自内心的生活态度。学会感恩，善待自我。当一个人心怀感恩时，即使只是个工作的机会，我们也要发自内心地表达自己的谢意。一个人可能并没有多少财富，但只要拥有一颗感恩的心，一样可以变得“富有”起来，过上幸福、快乐的生活。

作业准备

1）将车辆在工位停放周正。

2）铺好车内和车外护套。

操作步骤

一、油位与油质的检查

1. 油位的检查

1）使车辆正常行驶约 10min，使 ATF 达到正常的工作温度（70~ 80℃）。

2）将车辆停放在水平地面上并施加驻车制动。

3）在发动机怠速且制动踏板已踩下的情况下，将变速杆置于从 P 位至 L 位的所有位置，最后回到 P 位。

4）拔出油尺并将其擦干净。

5）将油尺完全推回到油尺管中。

6）再次拔出油尺，并检查液位是否在 HOT 范围内。如果液位低于 HOT 范围，加注新 ATF 并重新检查液位。如果液位超过 HOT 范围，排放一次 ATF，添加适量的新 ATF 并重新检查液位。

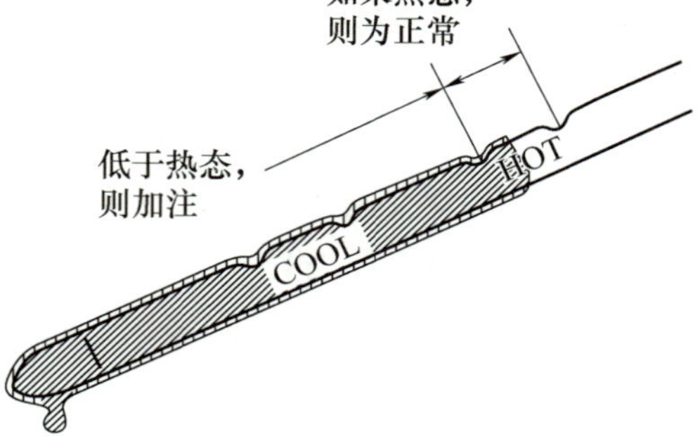

2. 油质的检查

ATF 在正常工作温度下的更换周期为汽车行驶约 4 万 km 或 24 个月。影响油液和

变速器使用寿命的重要因素之一是油液的温度，而影响油液温度的主要因素有液力变矩器有故障，离合器、制动器滑转或分离不彻底或油冷却器堵塞等，所以油液温度过高或急剧上升是十分重要和危险的信号，说明自动变速器内部有故障或油量不够。

1）拔出油尺，嗅一嗅油尺上油液的气味，正常的 ATF 应无气味，如有焦味，说明已变质。

2）将油尺上的油液点到手指上，用手指互相摩擦看是否有渣粒。如果有渣粒，说明油液已变质或变速器内的离合器、制动器有较严重的磨损。

3）将油尺上的油液滴在干净的白纸上，检查油液的颜色。正常的油液颜色一般为粉红色，如果油液呈棕色，说明油液已变质，应立即换油。

二、自动变速器油液与滤网的更换

1. 漏油的检查

1）牢靠地举升车辆到较高位置。

2）检查自动变速器放油螺塞是否漏油。

3）检查自动变速器前、后壳体的连接处是否漏油。

4）检查自动变速器左、右驱动轴油封是否漏油。

随堂笔记

5）检查自动变速器前油封（与发动机连接处）是否漏油。

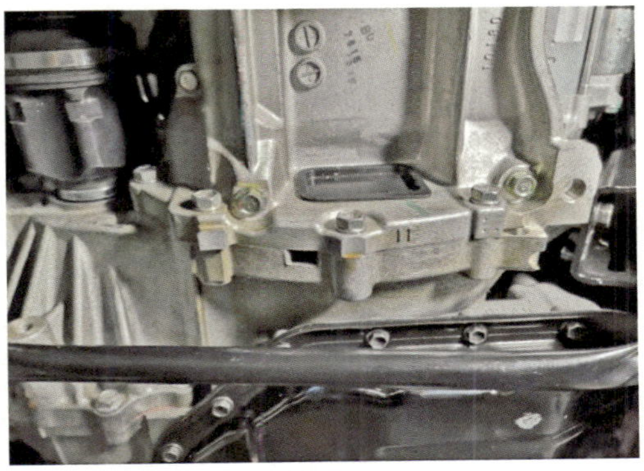

6）检查自动变速器散热油管与连接处是否漏油。

扫一扫

自动变速器油的更换

2. ATF的更换

1）将车辆行驶一段距离，使自动变速器达到正常工作温度（油温为70~80℃）后，将车辆停放在维修工位上并熄火。

2）拔出ATF油尺。

3）牢靠地举升车辆到较高位置。

4）准备好废油收集装置，并放置到自动变速器的下方。

5）选用合适的工具拆下自动变速器放油螺塞。

6）清洗放油螺塞（一般放油螺塞上有磁铁）上的铁屑。

随堂笔记

7）拆下自动变速器散热器油管接头，用压缩空气将散热器内的残余液压油吹出，装好油管接头。

8）待油液完全流完后，安装放油螺塞，并按规定力矩拧紧。

9）操作举升机下降到低位。

10）查询维修手册，查找ATF的规定型号和加注量。

11）用漏斗或专用加注设备从油尺管口处向自动变速器内加注适量的ATF。

12）起动发动机，检查ATF油面高度。新加入的油液温度较低，油面高度应在油尺刻线的下限附近。如果油面高度太低，应继续加油至规定油面高度。

13）将汽车行驶至发动机和自动变速器达到正常工作温度，再次检查油面高度是否在油尺线的上限附近。如果过低，应继续加油，直至满足规定为止。

14）再次举升车辆到较高位置，检查放油螺塞和散热器油管是否安装到位，是否有油液渗出。

3. 自动变速器过滤网的更换

1）拔出 ATF 油尺并牢靠地举升车辆到较高位置。

2）准备好废油收集装置，选用合适的工具拆下自动变速器放油螺塞，排空 ATF。

3）选用合适的工具拆下油底壳固定螺栓，取下油底壳（有密封胶，可能非常紧，但不能用锤子敲击）。

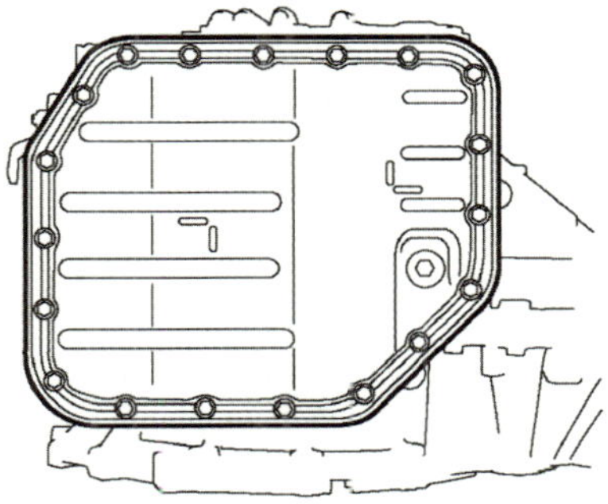

4）选用合适的工具拆下滤清器三个固定螺栓。

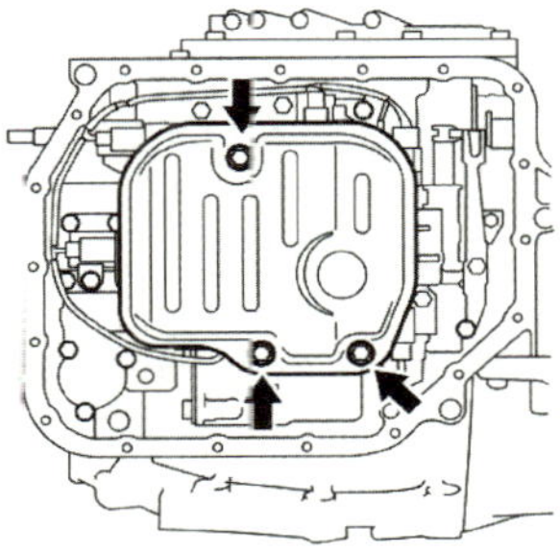

随堂笔记

5）用一字螺钉旋具从阀板上撬下过滤网。

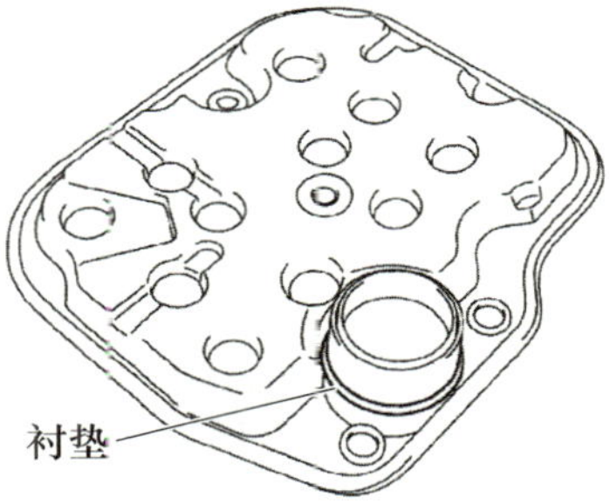

6）用铲刀去除油底壳和变速器壳体上的密封胶。

7）检查新的过滤网型号是否正确、是否损坏。

8）安装新的过滤网到阀板上。

9）在油底壳上均匀地涂抹一层密封胶。

10）安装油底壳固定螺栓，并按紧固力矩拧紧。

11）安装放油螺塞，并按紧固力矩拧紧。

12）用漏斗从油尺管处加注规定型号与规定量的 ATF。

13）行驶一段距离后，检查油面是否正常、各部件安装是否到位、是否有渗油的现象。

<table>
<tr><td rowspan="2">油位、油质的检查与
ATF 的更换</td><td rowspan="2">工作任务单</td><td>班级：</td></tr>
<tr><td>姓名：</td></tr>
</table>

<table>
<tr><td colspan="6">一、车辆信息记录</td></tr>
<tr><td>品牌</td><td></td><td>整车型号</td><td></td><td>生产年月</td><td></td></tr>
<tr><td>发动机型号</td><td></td><td>发动机排量</td><td></td><td>行驶里程</td><td></td></tr>
<tr><td>车辆识别代号</td><td colspan="5"></td></tr>
</table>

<table>
<tr><td colspan="6">二、油位与油质的检查</td></tr>
<tr><td>检查项目</td><td>检查情况</td><td>检查结果</td><td>检查项目</td><td>检查情况</td><td>检查结果</td></tr>
<tr><td>ATF 油位</td><td></td><td>正常□　异常□</td><td>ATF 油质</td><td></td><td>正常□　异常□</td></tr>
</table>

<table>
<tr><td colspan="4">三、漏油的检查</td></tr>
<tr><td>项目名称</td><td>记录</td><td>项目名称</td><td>记录</td></tr>
<tr><td>放油螺塞</td><td>漏油□　否□</td><td>变速器前油封</td><td>漏油□　否□</td></tr>
<tr><td>变速器壳体</td><td>漏油□　否□</td><td>散热油管</td><td>漏油□　否□</td></tr>
<tr><td>驱动轴油封</td><td>漏油□　否□</td><td>油底壳</td><td>漏油□　否□</td></tr>
</table>

随堂笔记

<table>
<tr><td colspan="4">四、自动变速器过滤网的更换</td></tr>
<tr><td>项目名称</td><td>记录</td><td>项目名称</td><td>记录</td></tr>
<tr><td>排放油液</td><td>已执行□　否□</td><td>过滤网型号</td><td></td></tr>
<tr><td>拆卸油底壳</td><td>已执行□　否□</td><td>更换过滤网</td><td>已执行□　否□</td></tr>
<tr><td>拆卸过滤网</td><td>已执行□　否□</td><td>涂抹密封胶</td><td>已执行□　否□</td></tr>
<tr><td>清洁安装表面</td><td>已执行□　否□</td><td>安装油底壳</td><td>已执行□　否□</td></tr>
</table>

<table>
<tr><td colspan="4">五、ATF 的更换</td></tr>
<tr><td>作业项目</td><td>记录</td><td>作业项目</td><td>记录</td></tr>
<tr><td>ATF 型号</td><td></td><td>加注量</td><td></td></tr>
</table>

<table>
<tr><td colspan="6">六、查询维修手册</td></tr>
<tr><td>序号</td><td>部件名称</td><td colspan="3">章节及页码</td><td>规格（米制）</td></tr>
<tr><td>1</td><td></td><td>第</td><td>章</td><td>页</td><td></td></tr>
<tr><td>2</td><td></td><td>第</td><td>章</td><td>页</td><td></td></tr>
<tr><td>3</td><td></td><td>第</td><td>章</td><td>页</td><td></td></tr>
<tr><td>4</td><td></td><td>第</td><td>章</td><td>页</td><td></td></tr>
<tr><td>5</td><td></td><td>第</td><td>章</td><td>页</td><td></td></tr>
</table>

油位、油质的检查与 ATF 的更换				实习日期：			
姓名：		班级：		学号：		教师签名：	
自评：□熟练　□不熟练		互评：□熟练　□不熟练		师评：□合格　□不合格			
日期：		日期：		日期：			

油位、油质的检查与 ATF 的更换【评分细则】

序号	评分项	得分条件	分值	评分要求	自评	互评	师评
1	安全 / 7S/ 态度	□ 1. 能进行工位 7S 操作 □ 2. 能进行设备和工具安全检查 □ 3. 能进行车辆安全防护操作 □ 4. 能进行工具清洁、校准和存放操作 □ 5. 能进行三不落地操作	15 分	未完成 1 项 扣 3 分	□熟练 □不熟练	□熟练 □不熟练	□合格 □不合格
2	专业技能能力	作业 1 □ 1. 能正确地检查自动变速器油液位 □ 2. 能正确地检查自动变速器油油质 □ 3. 能正确地检查放油螺塞是否漏油 □ 4. 能正确地检查壳体是否漏油 □ 5. 能正确地检查驱动轴油封是否漏油 □ 6. 能正确地检查前油封是否漏油 □ 7. 能正确地检查散热油管是否漏油 □ 8. 能正确地检查油底壳是否漏油 作业 2 □ 1. 能正确地排放自动变速器油 □ 2. 能正确地拆卸油底壳 □ 3. 能正确地拆卸过滤网 □ 4. 能正确地清洁安装表面 □ 5. 能正确地安装、紧固过滤网 □ 6. 能正确地涂抹密封胶 □ 7. 能正确地安装、紧固油底壳 □ 8. 能正确地安装、紧固放油螺塞 □ 9. 能正确地加注 ATF	50 分	未完成 1 项 扣 3 分，扣分不得超过 50 分	□熟练 □不熟练	□熟练 □不熟练	□合格 □不合格
3	工具及设备的使用能力	□ 1. 能正确地选用维修工具 □ 2. 能正确地使用维修工具 □ 3. 能正确地使用专用工具 □ 4. 能正确地使用举升机 □ 5. 能正确地使用油液加注机	10 分	未完成 1 项 扣 3 分，扣分不得超过 10 分	□熟练 □不熟练	□熟练 □不熟练	□合格 □不合格
4	资料、信息查询能力	□ 1. 能正确地识读维修手册查询资料 □ 2. 能正确地使用用户手册查询资料 □ 3. 能正确地记录查询资料的章节及页码 □ 4. 能正确地记录所需维修信息	10 分	未完成 1 项 扣 2 分	□熟练 □不熟练	□熟练 □不熟练	□合格 □不合格
5	数据判断和分析能力	□ 1. 能判断 ATF 油位和油质是否正常 □ 2. 能判断自动变速器是否漏油 □ 3. 能判断 ATF 加注量	10 分	未完成 1 项 扣 3 分，扣分不得超过 10 分	□熟练 □不熟练	□熟练 □不熟练	□合格 □不合格
6	表单填写和报告撰写能力	□ 1. 字迹清晰 □ 2. 语句通顺 □ 3. 无错别字 □ 4. 无涂改 □ 5. 无抄袭	5 分	未完成 1 项 扣 1 分	□熟练 □不熟练	□熟练 □不熟练	□合格 □不合格
总分：							

随堂笔记

实训任务 2　自动变速器的拆装

实训器材

丰田卡罗拉轿车或实训台架、废油收集设备、变速器、千斤顶、常用维修工具和维修手册等。

> **情智知识**
>
> **成功需要一颗感恩的心**
>
> 人生在世，不可能一帆风顺，种种失败、无奈都需要我们勇敢地面对，豁达地处理。因此，无论成功与失败，我们都需要有一颗感恩的心！只有懂得感恩的人，才能对社会、集体、他人充满感激，并将这种感激转化为刻苦学习、勤奋工作、奉献社会的实际行动。有一位企业家说，经历了这么多年的风风雨雨，他才发觉，如果一个员工有能力，就会是一个可用之才；如果一个员工懂得感恩，就会是一个优秀的员工；如果一个员工既有能力又有感恩的心，那么可以把工作放手交给他去做，因为这样的员工不会找借口来搪塞自己的职责，也不会做任何表面工作来欺骗老板。他们会珍惜一切，善待别人，并认为努力工作是对公司、对事业最好的回报，也是对自己和他人最好的交代。

作业准备

1）将车辆在工位停放周正。

2）铺好车内和车外护套。

3）拆下底盘相关护板和轮罩等。

操作步骤

一、自动变速器的拆装

1. 自动变速器总成的拆卸

1）使前轮处于正前位置。

2）拆卸蓄电池正、负极端子，拆下蓄电池。

3）拆卸蓄电池固定架。

4）拆卸空气滤清器总成。

5）用合适的工具从变速器上断开变速器拉索总成。

6）断开变速器壳体上的所有线束插接器。

7）牢靠地举升车辆到较高位置。

8）拆下变速器放油螺塞，排空 ATF 后安装好放油螺塞。

9）操作举升机，下降到中间位置。

10）用风动扳手与合适套筒拆卸左、右前车轮。

11）用合适的工具拆卸左、右驱动轴与轮毂固定螺母。

12）用合适的工具拆卸左、右转向节与减振器固定螺栓。

13）分离左侧驱动轴与轮毂，用顶拔工具从变速器上拔出左侧驱动轴。

14）分离右侧驱动轴与轮毂，用顶拔工具从变速器上拔出右侧驱动轴。

15）拆卸飞轮壳底罩固定螺栓。

16）选用合适套筒拆卸飞轮与变矩器固定螺栓。如果飞轮旋转，可用扳手固定曲轴带轮螺栓，再依次拆下六个变矩器固定螺栓。

17）用千斤顶支撑好发动机总成。

18）拆下发动机后悬置支架。

19）用千斤顶支撑好变速器总成。

20）选用合适的工具拆下变速器与发动机固定螺栓。

21）轻微摇晃变速器，从发动机上分离变速器总成。

2. 自动变速器总成的安装

按与拆卸相反的顺序安装自动变速器总成，并按规定力矩拧紧固定螺栓，加注规定型号的 ATF，并确认油位正常。

二、自动变速器的分解与组装

1. 自动变速器的分解

1）清洁自动变速器外部，拆除所有安装在自动变速器壳体上的零部件，如油尺管、空档起动开关、车速传感器、输入轴转速传感器等。

2）从自动变速器前方取下液力变矩器并放好，防止液力变矩器内部油液流出。

3）拆下变速器油底壳固定螺栓，撬下油底壳，取下进油滤网。

4）断开电磁阀、传感器等插接器，拆下阀板固定螺栓并取下阀板总成。

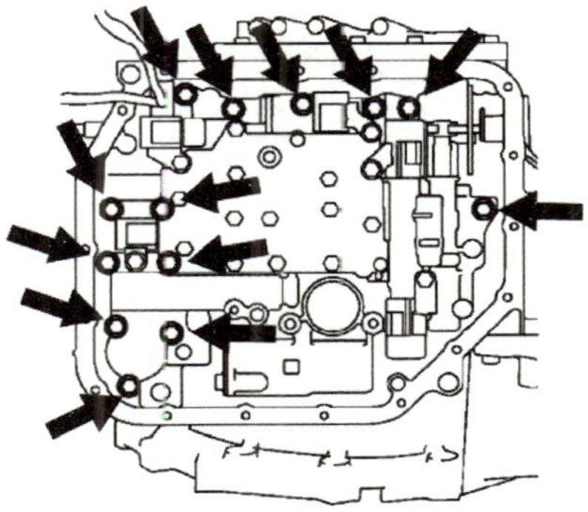

5）用向液压油孔施加压缩空气的方法拆下三个蓄能器活塞和弹簧。

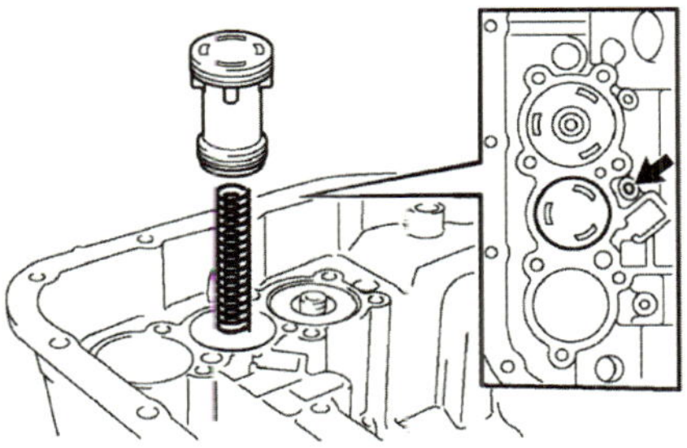

6）拆下传动桥外壳固定螺栓，取下传动桥外壳。

7）拆下机油泵固定螺栓，取下机油泵和差速器总成。

随堂笔记

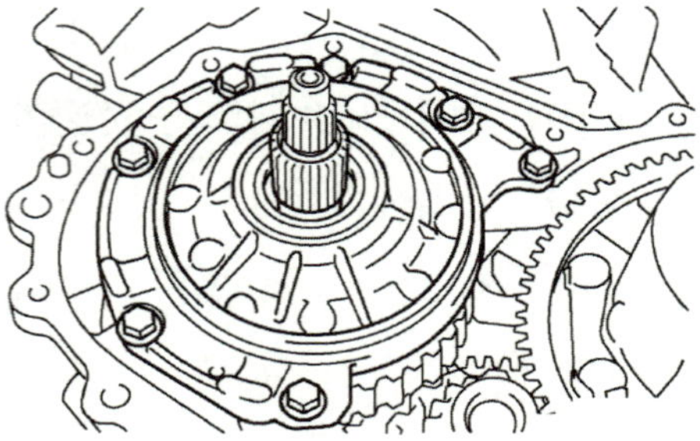

8）依次从变速器壳体内拆下输入轴总成、推力滚针轴承、前进档离合器毂等。

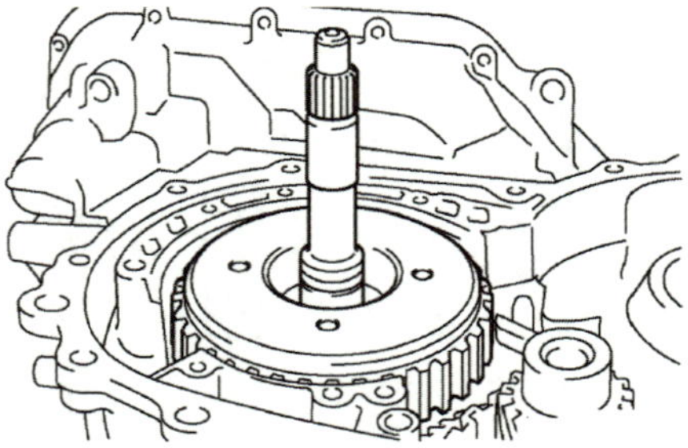

9）选用合适的工具拆下传动桥后盖固定螺栓，取下后盖。

随堂笔记

10）依次从传动桥壳体上拆下中间轴总成、制动器、滚针轴承、离合器毂、后行星太阳轮和单向离合器等。

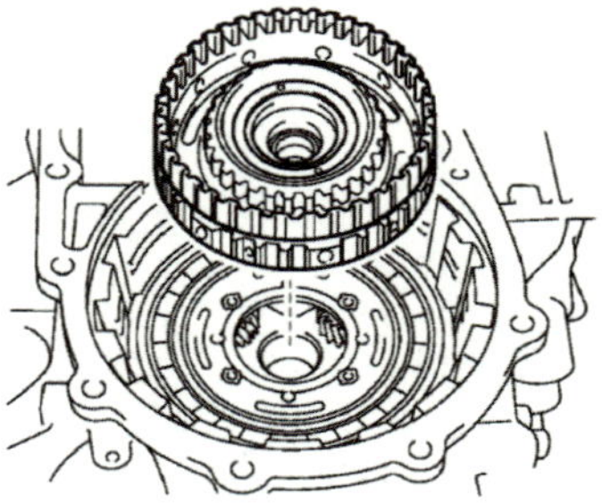

11）用螺钉旋具拆下两个卡环。

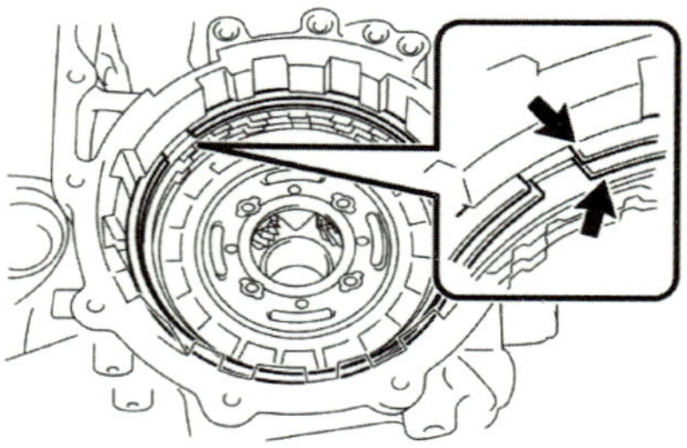

12）依次拆下二档制动器、后行星齿轮总成、推力滚针轴承和2号单向离合器等。

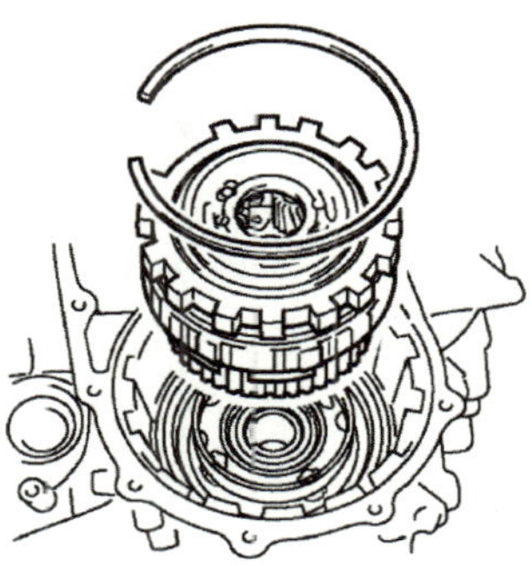

13）依次拆下前行星太阳轮、一档与倒档制动器等。

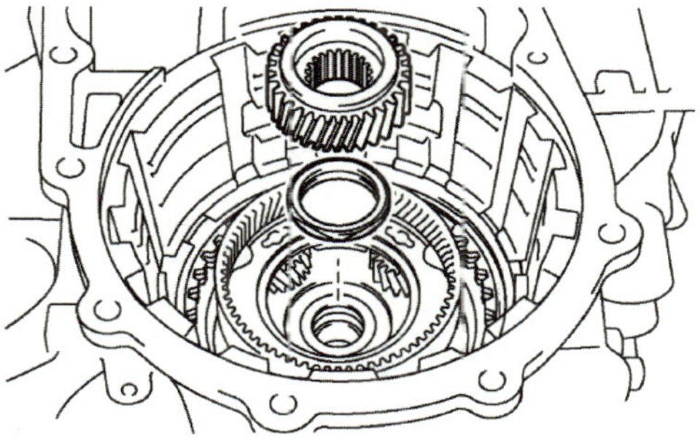

14）将所拆零部件顺序、整齐地摆放在工作台面上。

随堂笔记

2. 自动变速器的组装

组装前，用煤油将自动变速器各部件清洗干净，并更换所有的密封圈，然后按与分解相反的顺序组装自动变速器。新的密封圈在安装时要涂 ATF，并用气枪检查各离合器、制动器是否动作，且不能漏气。最后按规定力矩拧紧固定螺栓。

自动变速器的拆装	工作任务单	班级：
		姓名：

一、车辆信息记录					
品牌		整车型号		生产年月	
发动机型号		发动机排量		行驶里程	
车辆识别代号					

二、自动变速器总成的拆卸			
项目名称	记录	项目名称	记录
拆卸蓄电池	已执行□　否□	拆卸左、右前车轮	已执行□　否□
拆卸空气滤清器总成	已执行□　否□	拆卸左、右驱动轴	已执行□　否□
拆卸变速器拉索	已执行□　否□	拆卸变矩器固定螺栓	已执行□　否□
拆卸传感器线束	已执行□　否□	拆卸变速器固定螺栓	已执行□　否□
排放 ATF	已执行□　否□	分离自动变速器总成	已执行□　否□

三、自动变速器的分解			
项目名称	记录	项目名称	记录
拆卸变矩器	已执行□　否□	拆卸输入轴总成	已执行□　否□
拆卸油底壳	已执行□　否□	拆卸传动轴后盖	已执行□　否□
拆卸过滤网	已执行□　否□	拆卸中间轴	已执行□　否□
拆卸阀板总成	已执行□　否□	拆卸卡环	已执行□　否□
拆卸蓄能器	已执行□　否□	拆卸制动器	已执行□　否□
拆卸传动桥外壳	已执行□　否□	拆卸行星齿轮总成	已执行□　否□
拆卸机油泵	已执行□　否□	拆卸推力滚针轴承	已执行□　否□
拆卸差速器总成	已执行□　否□	拆卸离合器	已执行□　否□

四、ATF 加注			
作业项目	记录	作业项目	记录
ATF 型号		加注量	

五、查询维修手册			
序号	部件名称	章节及页码	规格（米制）
1		第　　　章　　　页	
2		第　　　章　　　页	
3		第　　　章　　　页	
4		第　　　章　　　页	
5		第　　　章　　　页	

随堂笔记

自动变速器的拆装		实习日期：	
姓名：	班级：	学号：	教师签名：
自评：□熟练　□不熟练	互评：□熟练　□不熟练	师评：□合格　□不合格	
日期：	日期：	日期：	

自动变速器的拆装【评分细则】

序号	评分项	得分条件	分值	评分要求	自评	互评	师评
1	安全 / 7S/ 态度	□ 1. 能进行工位 7S 操作 □ 2. 能进行设备和工具安全检查 □ 3. 能进行车辆安全防护操作 □ 4. 能进行工具清洁、校准和存放操作 □ 5. 能进行三不落地操作	15 分	未完成 1 项 扣 3 分	□熟练 □不熟练	□熟练 □不熟练	□合格 □不合格
2	专业技能能力	作业 1 □ 1. 能正确地拆装蓄电池 □ 2. 能正确地拆装空气滤清器总成 □ 3. 能正确地拆装变速器拉索 □ 4. 能正确地拆装传感器线束 □ 5. 能正确地排放 ATF □ 6. 能正确地拆装左、右前车轮 □ 7. 能正确地拆装左、右驱动轴 □ 8. 能正确地拆装变矩器固定螺栓 □ 9. 能正确地拆装变速器固定螺栓 □ 10. 能正确地分离与安装自动变速器总成 作业 2 □ 1. 能正确地拆装变矩器 □ 2. 能正确地拆装油底壳 □ 3. 能正确地拆装过滤网 □ 4. 能正确地拆装阀板总成 □ 5. 能正确地拆装蓄能器 □ 6. 能正确地拆装传动桥外壳 □ 7. 能正确地拆装机油泵 □ 8. 能正确地拆装差速器总成 □ 9. 能正确地拆装输入轴总成 □ 10. 能正确地拆装传动轴后盖 □ 11. 能正确地拆装中间轴 □ 12. 能正确地拆装卡环 □ 13. 能正确地拆装制动器 □ 14. 能正确地拆装行星齿轮总成 □ 15. 能正确地拆装推力滚针轴承 □ 16. 能正确地拆装离合器	50 分	未完成 1 项 扣 2 分，扣分不得超过 50 分	□熟练 □不熟练	□熟练 □不熟练	□合格 □不合格
3	工具及设备的使用能力	□ 1. 能正确地选用维修工具 □ 2. 能正确地使用维修工具 □ 3. 能正确地使用专用工具 □ 4. 能正确地使用油液加注机	10 分	未完成 1 项 扣 3 分，扣分不得超过 10 分	□熟练 □不熟练	□熟练 □不熟练	□合格 □不合格
4	资料、信息查询能力	□ 1. 能正确地使用维修手册查询资料 □ 2. 能正确地识读维修手册查询资料 □ 3. 能正确地记录查询资料章节及页码 □ 4. 能正确地记录所需维修信息	10 分	未完成 1 项 扣 3 分，扣分不得超过 10 分	□熟练 □不熟练	□熟练 □不熟练	□合格 □不合格
5	数据判断和分析能力	□ 1. 能判断需拆卸的部件及螺栓 □ 2. 能判断变速器各零部件是否正常 □ 3. 能判断变速器型号 □ 4. 能判断 ATF 加注量	10 分	未完成 1 项 扣 2 分	□熟练 □不熟练	□熟练 □不熟练	□合格 □不合格
6	表单填写和报告撰写能力	□ 1. 字迹清晰 □ 2. 语句通顺 □ 3. 无错别字 □ 4. 无涂改 □ 5. 无抄袭	5 分	未完成 1 项 扣 1 分	□熟练 □不熟练	□熟练 □不熟练	□合格 □不合格
总分：							

随堂笔记

任务二

自动变速器的检查与维护

学习目标

知识目标

1）能够叙述自动变速器各部件的作用与组成。

2）能够分析四档自动变速器的动力传递路线图。

技能目标

1）具有辨识自动变速器各部件的能力。

2）具有熟练使用故障诊断仪读取自动变速器故障码与数据流的能力。

3）具有测试自动变速器性能的能力。

素养目标

随堂笔记

1）培养团队精神和集体主义精神。

2）加强环境保护和工作安全的意识。

3）树立为客户服务的观念。

任务描述

一位丰田卡罗拉1.6AT轿车车主反映：自动变速器故障指示灯在车辆行驶时突然亮起。请你对自动变速器进行检查并排除故障。

相关知识

一、液力变矩器

1. 液力变矩器的功用

液力变矩器位于发动机和齿轮变速机构之间，以ATF为工作介质，主要完成以下功用：

（1）传递转矩　发动机的转矩通过液力变矩器的主动元件，再通过ATF传给液力变矩器的从动元件，最后传给变速器。

（2）无级变速　根据工况的不同，液力变矩器可以在一定范围内实现转速和转矩的无级变化。

（3）自动离合 液力变矩器由于采用 ATF 传递动力，当踩下制动踏板时，发动机也不会熄火，此时相当于离合器分离；当抬起制动踏板时，汽车可以起步，此时相当于离合器接合。

（4）驱动液压泵 ATF 在工作时需要液压泵提供一定的压力，而液压泵一般是由液力变矩壳体驱动的。

由于采用 ATF 传递动力，液力变矩器的动力传递柔和，且能防止传动系统过载。

2. 液力变矩器的结构和工作原理

（1）液力变矩器的结构 液力变矩器通常由泵轮、涡轮、导轮、锁止离合器和单向离合器等组成，如图 2-21 所示。

液力变矩器总成封在一个钢制壳体（变矩器壳体）中，内部充满 ATF。液力变矩器壳体通过螺栓与发动机曲轴后端的飞轮连接，与发动机曲轴一起旋转。泵轮位于液力变矩器的后部，与变矩器壳体连在一起。涡轮位于泵轮前面，通过带花键的从动轴向后面的齿轮变速机构输出动力。

随堂笔记

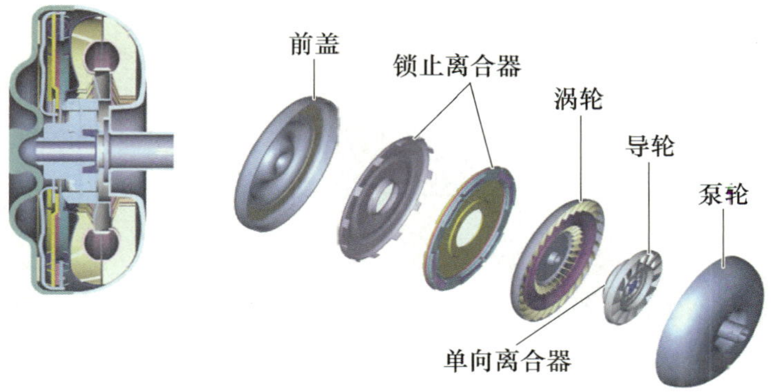

图 2-21 液力变矩器的组成

（2）液力变矩器的工作原理 液力变矩器工作时，发动机飞轮带动壳体旋转，壳体带动泵轮旋转，泵轮的叶片将 ATF 带动起来并冲击到涡轮的叶片；如果作用在涡轮叶片上的冲击力大于作用在涡轮上的阻力，涡轮将开始转动并使齿轮变速机构的输入轴一起转动。由涡轮叶片流出的 ATF 经过导轮后再流回到泵轮，如图 2-22 所示。

当发动机运转而汽车停止时，泵轮转速随发动机转速变化，涡轮的转速为零。

当汽车低速行驶时，涡轮的转速较低，冲到涡轮的液流驱动涡轮后，由于叶片形状作用而冲向导轮，而导轮不动，冲击导轮叶片的液流受到阻碍，液流使涡轮受到反作用力，所以涡轮所受的转矩增大。

当汽车中高速行驶时，涡轮转速较高，液流变向会冲击导轮叶片背面，而失去增矩，并有一定阻力，此时单向离合器打滑，导轮空转。

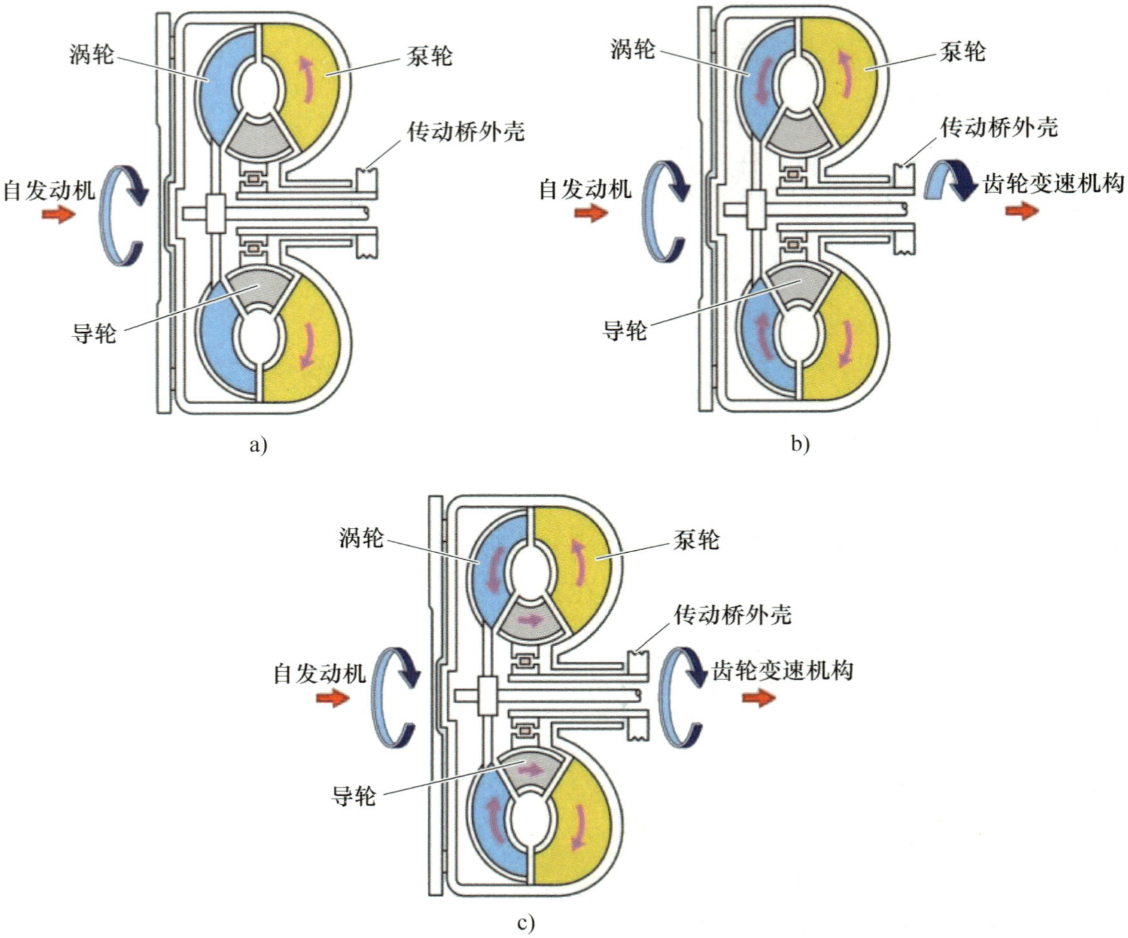

图 2-22　液力变矩器的工作原理图

a）发动机运转，汽车停止时　b）汽车低速行驶时　c）汽车中高速行驶时

随堂笔记

（3）单向离合器的结构与工作过程　单向离合器又称为超越离合器，其功用是实现导轮的单向锁止，即导轮只能顺时针转动而不能逆时针转动。当涡轮与泵轮转速差较大时，单向离合器处于锁止状态，导轮不能转动。当涡轮转速升高到一定程度后，单向离合器导通，即导轮空转，使得液力变矩器不能改变输出转矩，在高速区实现耦合传动。常见的单向离合器有滚柱式及楔块式两种。

楔块式单向离合器的结构和工作原理图如图 2-23 所示。该离合器由内座圈、外座圈、楔块和保持架等组成。单向离合器内、外座圈组成的滚道宽度是均匀的，采用不均匀形状的楔块，楔块的大端长度（A）大于滚道宽度（B），楔块的小端长度（C）小于滚道宽度（B）。内座圈固定，当外座圈逆时针旋转时，带动楔块逆时针旋转，因 $C<B$，外座圈可相对楔块和内座圈旋转；反之，当外座圈顺时针旋转时，带动楔块也顺时针旋转，因 $A>B$，楔块阻止外座圈旋转。

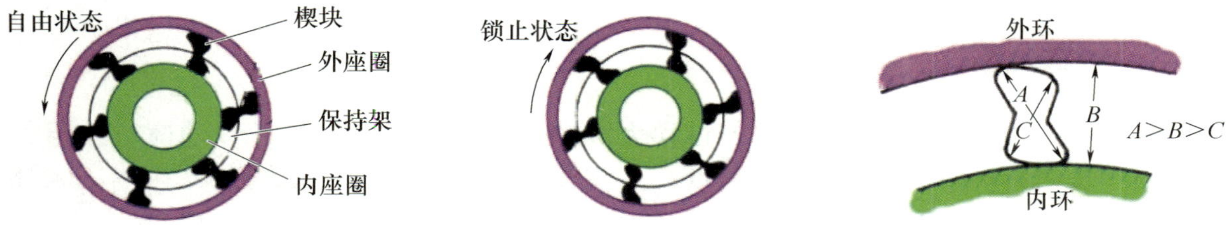

图 2-23　楔块式单向离合器的结构和工作原理图

滚柱式单向离合器的工作原理图如图 2-24 所示，其由内座圈、外座圈、滚柱和弹簧等组成。当内座圈顺时针转动时，滚柱进入楔形槽的宽处，内、外座圈不能被滚柱楔紧，内座圈可以顺时针自由转动。当内座圈逆时针转动时，滚柱进入楔形槽的窄处，内、外座圈被滚柱楔紧，内座圈固定不动。

a)　　b)

图 2-24　滚柱式单向离合器的工作原理图

a）自由状态　b）锁止状态

(4) 锁止离合器的工作过程　锁止离合器可以将泵轮和涡轮直接连接起来，即将发动机与齿轮变速机构直接连接起来，这样可减少液力变矩器在高速比时的能量损耗，提高了传动效率，提高了汽车在正常行驶时的燃油经济性，并防止 ATF 过热。锁止离合器的结构及工作原理图如图 2-25 所示。

随堂笔记

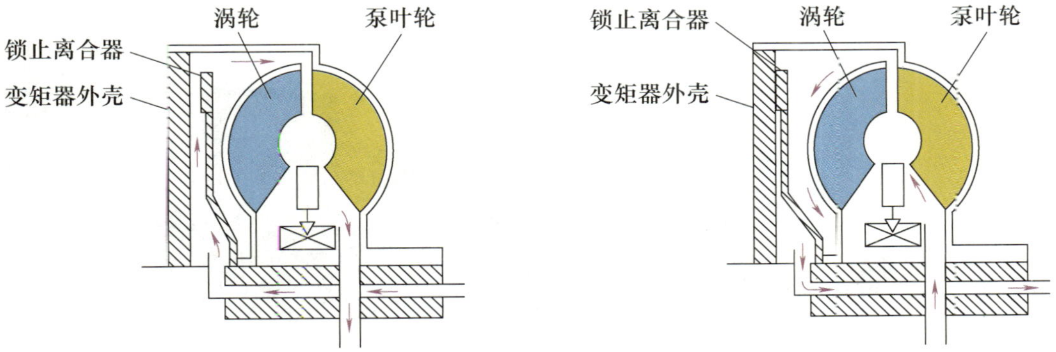

a)　　b)

图 2-25　锁止离合器的结构及工作原理图

a）锁止离合器的分离状态　b）锁止离合器的接合状态

当车辆起步、低速或在坏路面上行驶时，应将锁止离合器分离，使液力变矩器具有变矩的作用。此时油液流至锁止离合器的前端，锁止离合器片前端与后端的压力相同，使锁止离合器分离。当车辆以中速或高速（一般超过 60km/h）行驶时，油液流至锁止离合器的后端，使锁止离合器片与前盖一起转动。此时发动机的动力经液力变矩器壳体、锁止离合器、涡轮轮毂传给后面的齿轮变速机构，相当于将泵轮和涡轮刚性地连在一起，传动效率为 100%。

二、齿轮变速机构

液力变矩器可以在一定范围内自动无级地改变转矩和传动比，以适应行驶阻力的变化，但变矩比小，不能完全满足汽车使用的要求，必须与齿轮变速机构组合使用以扩大传动比的变化范围，才能满足汽车行驶的要求。自动变速器的齿轮变速机构主要形式有行星齿轮变速机构和平行轴齿轮变速机构，目前，绝大多数自动变速器都采用行星齿轮变速机构与液力变矩器配合使用。行星齿轮变速机构由行星齿轮机构和执行元件组成，执行元件根据自动变速器控制系统的命令来接合或分离、制动或放松行星齿轮机构的某个元件，通过改变动力传递路线得到不同的传动比。行星齿轮变速机构按结构形式的不同，可分为辛普森式行星齿轮和拉维娜式行星齿轮。下面主要介绍辛普森式行星齿轮变速机构的结构与工作原理。

辛普森式行星齿轮变速机构如图 2-26 所示，它是由三个单排行星齿轮组连接而成的一种双排行星齿轮变速机构，但前面是一个单行星排（也称为超速档行星排，部分车型放在后面），后面两个行星排仅有四个独立元件，即前后太阳轮组件、前行星架与后齿圈组件、前齿圈、后行星架，其中前行星架与后齿圈组件与输出轴相连。其特点是变速比大、效率高、元件轴转速低。

随堂笔记

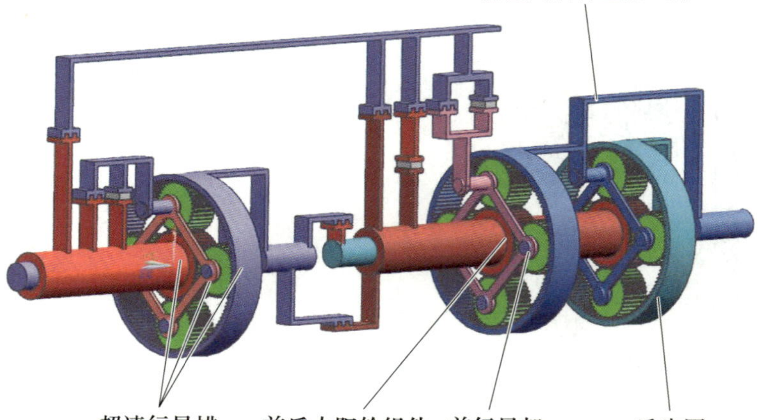

图 2-26　辛普森式行星齿轮变速机构

为了简化学习内容，先介绍后两个行星排的工作过程。

1. 一档

前进一档动力传递路线如图 2-27 所示。C_1 工作将涡轮输出的动力传递到前行星排齿圈，前行星排齿圈顺时针转动驱动前行星排行星轮转动，前行星排行星轮既顺时针自转，又顺时针公转，前行星排行星轮顺时针公转，则输出轴顺时针转动，这是一条动力传动路线。由于前行星排行星轮顺时针自转。则前后行星排太阳轮逆时针转动，再驱动后行星排行星轮顺时针自转。此时后行星排行星轮在前后行星排太阳轮的作用下有逆时针公转的趋势，但由于 F_2 的作用，使得后行星排行星架不动。这样顺时针转动的后行星排行星轮驱动齿圈顺时针转动，从输出轴输出动力，这是第二条动力传动路线。

由于单向离合器 F_2 不阻止后行星架顺时针转动，整个行星排不能反向传递动力，所以无发动机制动效果。为了提供有发动机制动的一档，当变速杆在 L 位置（一档）时，除了上述的一档换档执行元件工作外，B_3 也工作，使得车辆行驶时，不论是踩下还是放松加速踏板，行星排都有动力传递的能力，从而获得发动机制动效果。

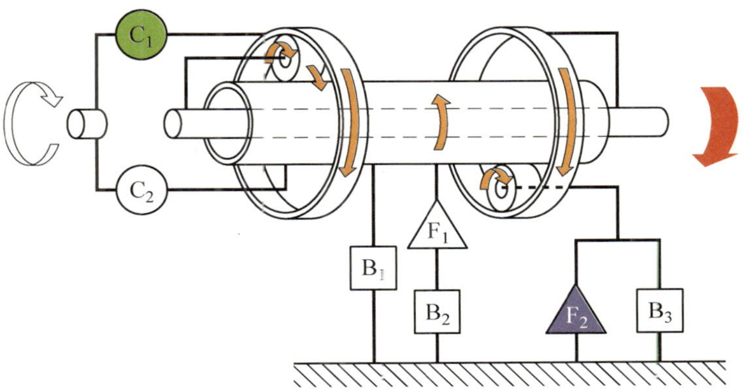

图 2-27　前进一档动力传递路线

2. 二档

前进二档动力传递路线如图 2-28 所示。C_1 工作将动力顺时针传到前行星排齿圈，驱动前行星排行星轮顺时针转动，并使前后太阳轮有逆时针转动的趋势，此时 B_2 工作，F_1 将防止前后太阳轮逆时针转动，即前后太阳轮不动。此时，前行星排行星轮将带动行星架顺时针转动，从输出轴输出动力，后行星排不参与动力的传动。

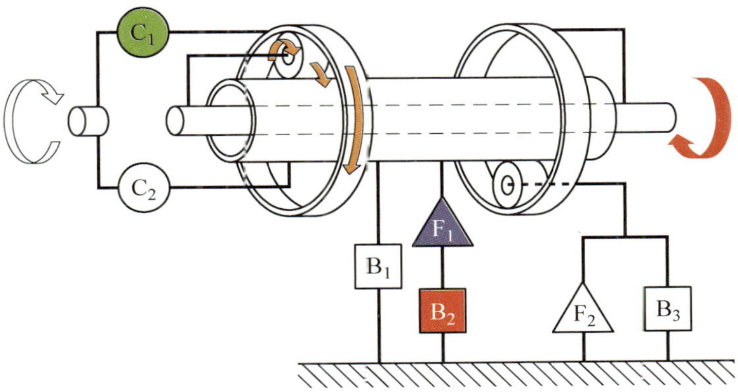

图 2-28　前进二档动力传递路线

3. 三档

前进三档动力传递路线如图 2-29 所示。C_1、C_2 工作将前行星排的齿圈和太阳轮同时连接起来，前行星排成为刚性整体，动力直接传给前行星排行星架，从输出轴输出动力。此档为直接档。

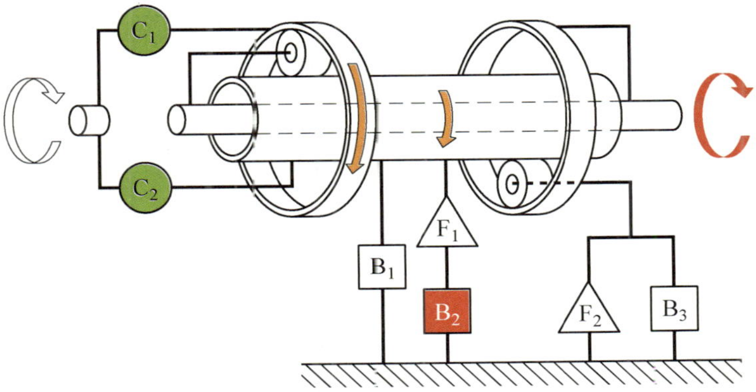

图 2-29　前进三档动力传递路线

4. 四档

在一档、二档和三档时 C_0 和 F_0 工作将超速行星排的太阳轮和行星架相连，此时超速行星排成为一个刚性整体，输入轴的动力顺时针传到中间轴（C_1 和 C_2），如图 2-30 所示。

前进四档（超速档）动力传递路线如图 2-31 所示。四档时，C_1、C_2、B_0、B_2 工

随堂笔记

作。B_0 工作，将超速行星排太阳轮固定。动力由输入轴输入，带动超速行星排行星架顺时针转动，并驱动行星轮及齿圈都顺时针转动，此时为增速传动。C_1、C_2 工作使得前后行星排的工作过程同三档工作过程，即处于直接档，所以整个机构以超速档传递动力。

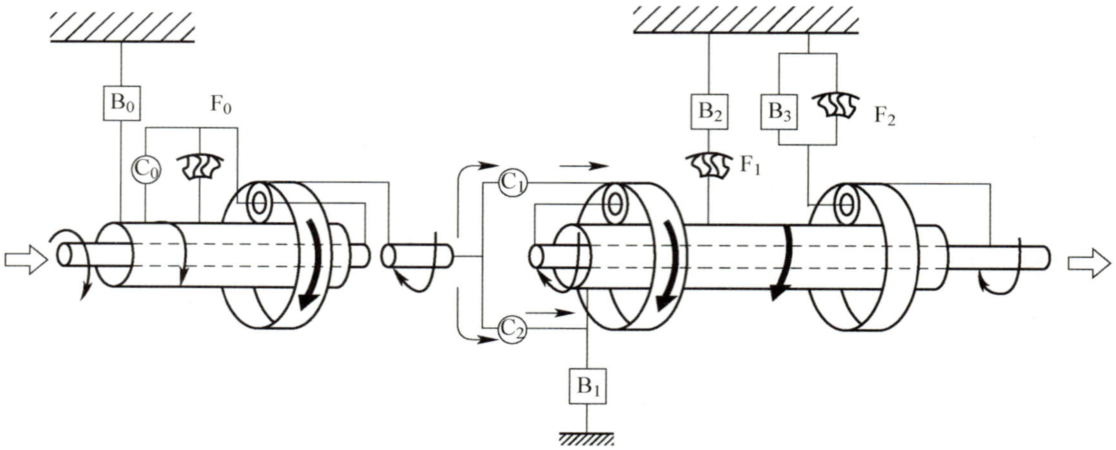

图 2-30　非四档时超速排的工作原理图

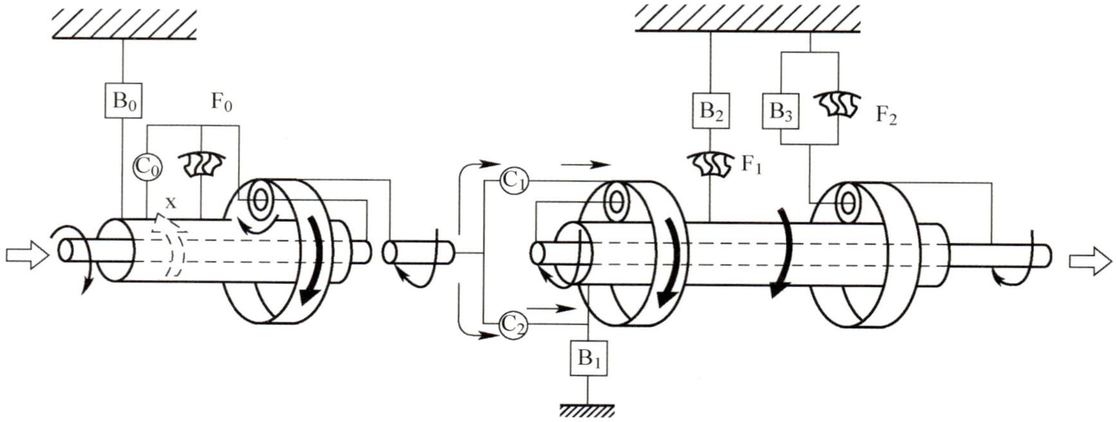

图 2-31　前进四档动力传递路线

5. 倒档

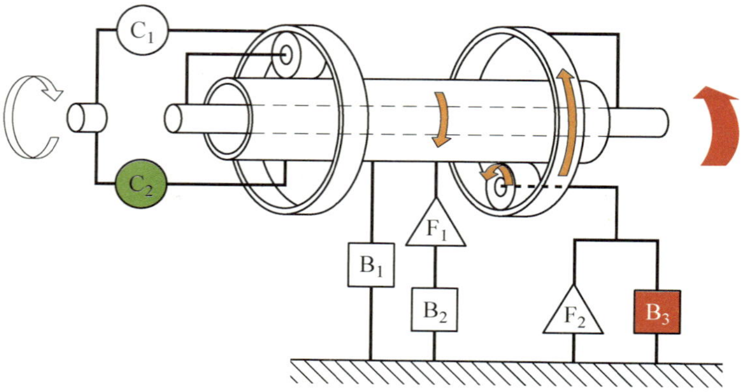

图 2-32　倒档动力传递路线

倒档工作时超速排仍然作为一个整体将动力传递给 C_2，如图 2-32 所示，C_2 工作将动力传给前后行星排太阳轮。此时，B_3 工作，将后行星排行星架固定，使得行星齿轮仅相当于一个惰轮。前后行星排太阳轮顺时针转动驱动后行星排行星轮逆时针转动，进而驱动后行星排齿圈逆时针转动，从而输出轴逆时针输出动力。

6. 换档执行元件的工作情况

在自动变速器各档位，换档执行元件的动作情况见表 2-1。

表 2-1　换档执行元件的动作情况

变速杆位置	档位	换档执行元件										发动机制动
		C_0	C_1	C_2	B_0	B_1	B_2	B_3	F_0	F_1	F_2	
P	驻车档	○										
R	倒档	○		○				○	○			
N	空档	○										
D	一档	○	○						○		○	
	二档	○	○				○		○	○		
	三档	○	○	○			○		○			
	四档（O/D 档）		○	○	○		○					
2	一档	○	○						○		○	
	二档	○	○			○	○		○	○		○
	三档*	○	○	○			○		○			○
L	一档	○	○					○	○		○	○
	二档*	○	○			○	○		○	○		○

注：*—只能降档不能升档；○—换档执行元件工作或有发动机制动。

随堂笔记

三、换档执行元件

液力式自动变速器的换档执行元件包括离合器、制动器和单向离合器。离合器和制动器以液压方式控制行星齿轮变速机构元件的旋转。单向离合器的作用是以机械方式对行星齿轮变速机构的元件进行锁止，使某一元件只能按一定方向旋转，而在另一方向上锁止，其结构与液力变矩器内的单向离合器基本相同。

1. 离合器

离合器的功用是连接轴和行星齿轮变速机构中的元件或是连接行星齿轮变速机构中的不同元件。

（1）结构　离合器的结构如图 2-33 所示，它主要由离合器鼓、花键毂、活塞、摩擦片、钢片和回位弹簧等组成。

离合器鼓是一个液压缸，鼓内有内花键齿圈，内圆轴颈上有进油孔与控制油路相通。离合器活塞为环状，内、外圆上有密封圈，安装在离合器鼓内。从动钢片和主动摩擦片交错排列，两者统称为离合器片，均使用钢料制成，但主动摩擦片的两面有摩擦材料。为了保证离合器接合柔和散热少，离合器片浸在油液中工作，因而称为湿式离合器。从动钢片带有外花键齿，与离合器鼓的内花键齿圈连接，并可轴向移动。主动摩擦片以内花键齿与花键毂的外花键槽配合，也可做轴向移动。花键毂和离合器鼓分别以一定的方式与变速器输入轴或行星齿轮变速机构的元件相连接。碟形弹簧的作用是使离合器接合柔和，防止换档冲击。可以通过调整卡环或压盘的厚度调整离合器的间隙。

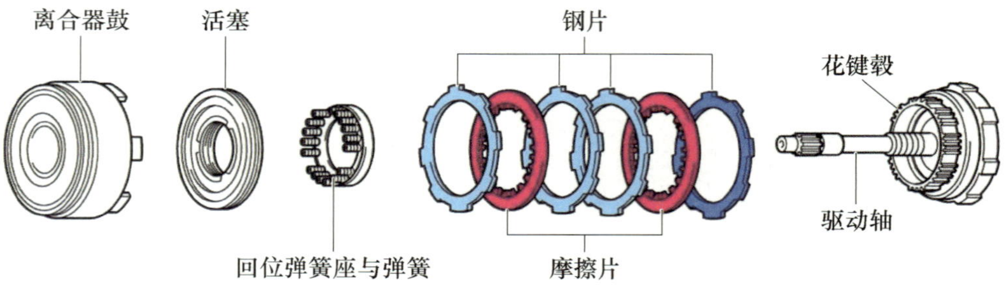

图 2-33　离合器的结构

（2）工作原理　离合器的工作原理图如图 2-34 所示。当一定压力的 ATF 经控制油道进入活塞左面的液压缸时，液压作用力便克服弹簧力使活塞右移，将所有的离合器片压紧，即离合器接合，与离合器主、从动部分相连的元件被连接在一起，以相同的速度旋转。

随堂笔记

当控制阀将作用在离合器液压缸的油压撤除后，离合器活塞在回位弹簧的作用下回到原位，并将缸内的 ATF 从进油孔排出，使离合器分离，离合器主、从动部分可以不同转速旋转。为了快速泄油，保证离合器彻底分离，一般在液压缸中都有一个止回球阀，由于没有油压的作用，球体会在离心力的作用下离开阀座，开启辅助泄油通道，使 ATF 迅速排出。

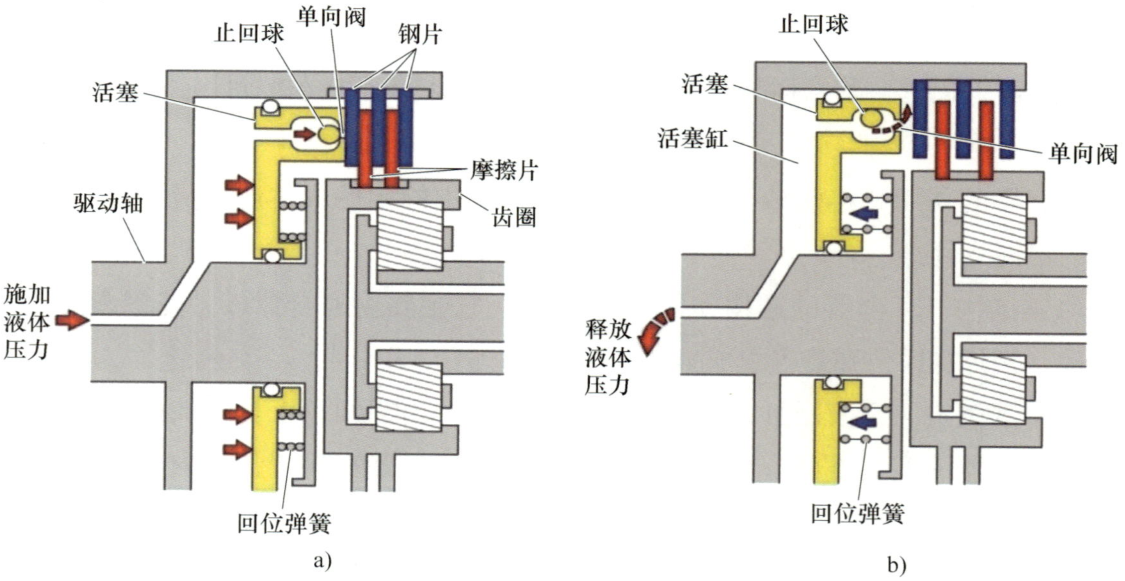

图 2-34　离合器的工作原理图

a）接合状态　b）分离状态

2. 制动器

制动器的功用是固定行星齿轮变速机构中的元件，防止其转动。制动器有片式和带式两种形式。

(1) 片式制动器　片式制动器与离合器的结构和原理相同，不同之处是离合器是起连接作用并传递动力，而片式制动器是通过连接而起制动作用。片式制动器的结构如图 2-35 所示。

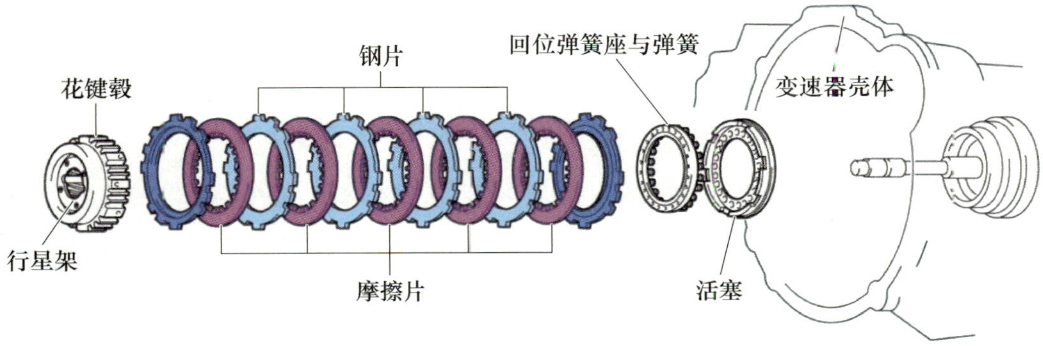

图 2-35　片式制动器的结构

片式制动器的工作原理图如图 2-36 所示。当活塞受到控制油压的作用时，活塞在活塞缸内向左运动，使摩擦片与钢片相互接触。其结果是在每个摩擦片与钢片之间产生很大的摩擦力，使行星齿轮变速机构某一元件或单向离合器锁定在变速器壳体上。当控制油压降低时，由于回位弹簧的作用活塞回至原位，使该元件制动解除。

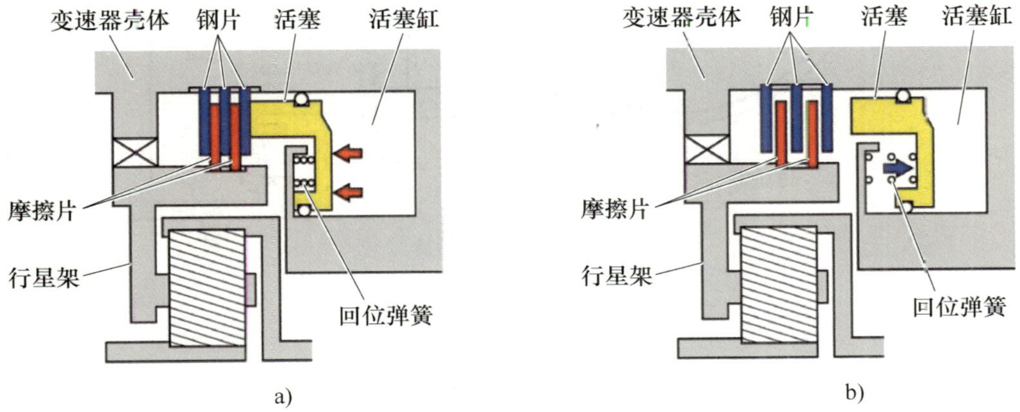

图 2-36　片式制动器的工作原理图

a）接合　b）脱开

(2) 带式制动器　带式制动器由制动带和控制液压缸等组成。图 2-37 所示为带式制动器的零部件分解图。控制液压缸内主要有活塞、回位弹簧和活塞杆等。制动带是内表面带有摩擦材料的开口式环形钢带。

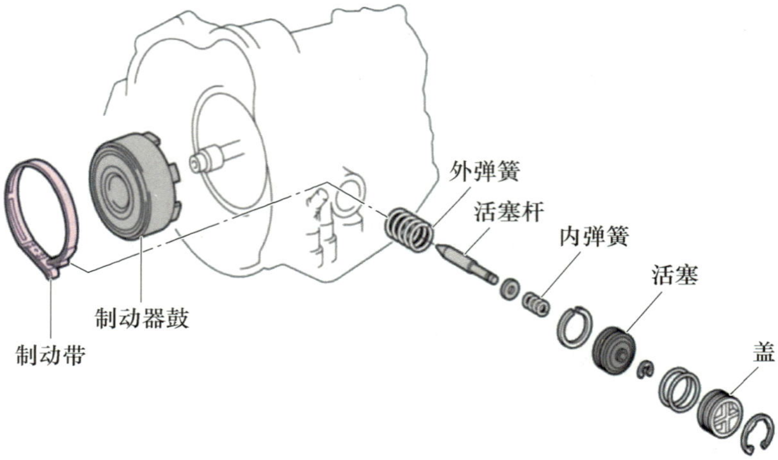

图 2-37　带式制动器的零部件分解图

带式制动器的工作原理图如图 2-38 所示，制动带开口处的一端安装在变速器壳体支座上，另一端支撑于液压缸活塞杆端部，活塞在回位弹簧的作用下位于右极限位置，此时，制动带和制动鼓之间存在一定间隙。

当需要制动时，液压油进入活塞右腔，克服左腔回位弹簧的作用力推动活塞左移，制动带以固定支座为支点收紧。在制动力矩的作用下，制动鼓停止旋转，行星齿轮变速机构某元件被锁止。随着油压撤除，活塞逐渐复位，制动解除。

随堂笔记

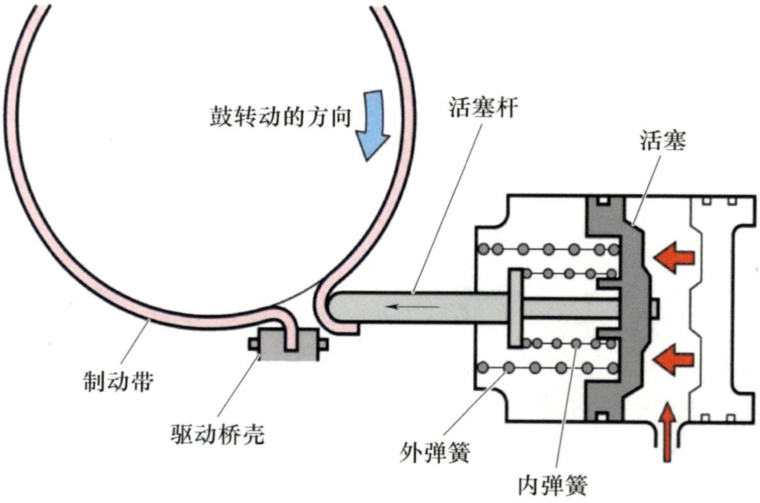

图 2-38　带式制动器的工作原理图

四、液压控制系统

液压控制系统主要包括动力源、控制机构和执行机构三大部分。

1. 动力源

液压控制系统的动力源是液压泵，它是整个液压控制系统的工作基础。各种阀体的动作、换档执行元件的工作等都需要一定压力的 ATF，液压泵的基本功用就是提供满足需求的 ATF 油量和油压。

（1）功用　液压泵的功用是产生一定压力和流量的 ATF，供给液力变矩器、液压控制系统和换档执行元件。

（2）结构　液压泵是液压控制系统的动力源，一般位于液力变矩器和行星齿轮变速机构之间，由液力变矩器泵轮驱动。液压泵的类型主要有齿轮泵、转子泵和叶片泵，如图 2-39 所示。三种泵的共同特点是：内部元件（转子）由液力变矩器花键毂或驱动轴驱动，外部元件与内部元件之间有一定的偏心距。

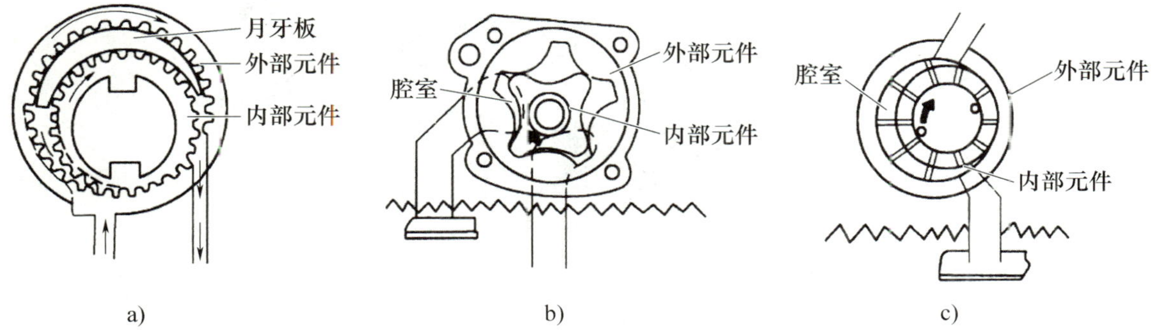

图 2-39　液压泵的类型

a）齿轮泵　b）转子泵　c）叶片泵

随堂笔记

（3）工作原理　内啮合齿轮泵主要由主动齿轮、从动齿轮、月牙板和壳体等组成，其结构和工作原理图如图 2-40 所示。主动齿轮为外齿轮结构，从动齿轮为内齿轮结构，在壳体上有一个月牙板，把主、从动齿轮不啮合的部分隔开并形成两个工作腔，分别为进油腔和出油腔。进油腔与泵体上的进油口相通，出油腔与泵体上的出油口相通，主动齿轮内径上有两个对称的凸键，与液力变矩器后端油泵驱动毂的键槽相配合。因此，只要发动机转动，液压泵便在液力变矩器的带动下转动并开始供油。

液压泵在工作过程中，主动齿轮带动从动齿轮转动，在齿轮脱离啮合的一端（进油腔）容积不断变大，产生真空吸力，把 ATF 从油底壳经滤网吸入液压泵。在齿轮进入啮合的一端（出油腔）容积不断减小，油压升高，把 ATF 从出油腔挤压出去。这样，液压泵不断地运转，就形成了具有一定压力的油液，供给自动变速器工作。

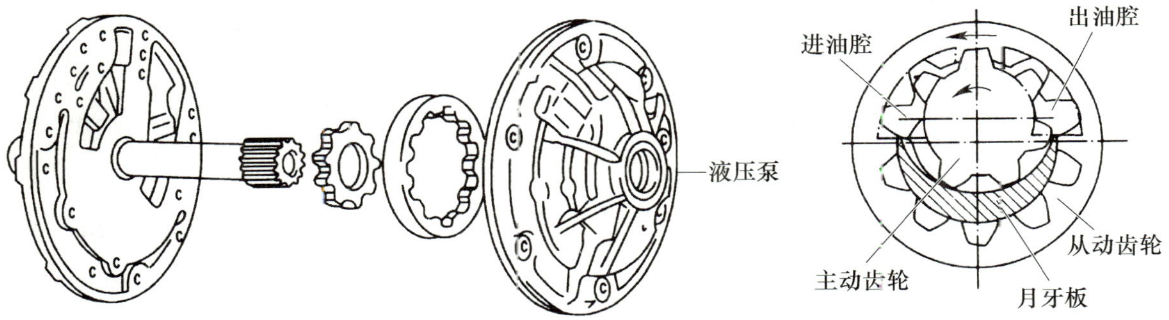

图 2-40　内啮合齿轮泵的结构和工作原理图

2. 控制机构

控制机构包括阀体和各种阀，如图 2-41 所示。阀体包括上阀体和下阀体，阀体类似于一个迷宫，有很多 ATF 流经的通道。阀体上安装有调压阀、手动阀、换档阀和电磁阀等。液压控制系统还包括一些辅助装置，如用于防止换档冲击的蓄能器和止回阀等。

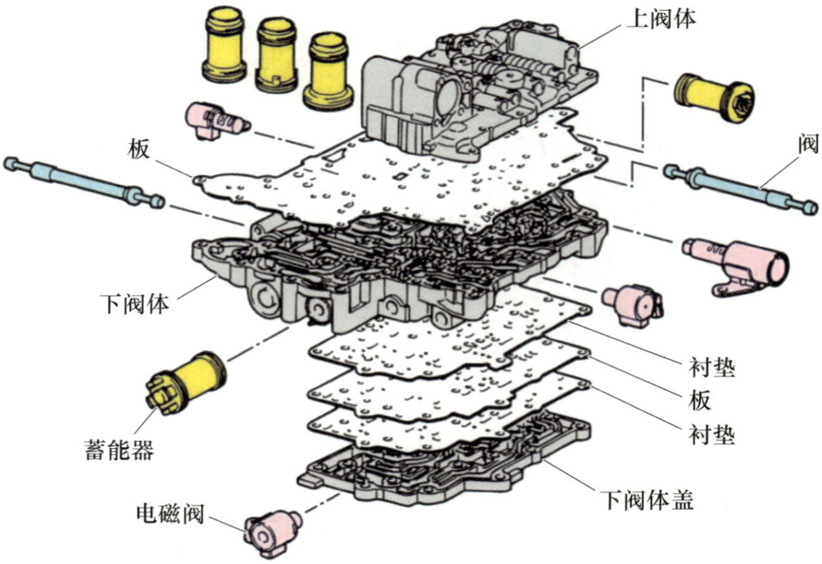

图 2-41 阀体的组成

随堂笔记

（1）主油路调压阀　液压油从液压泵输出后即进入主油路系统。液压泵是由发动机直接驱动的，输出流量和压力均受发动机运转状况的影响，变化很大。当主油路压力过高时，会引起换档冲击和增加功率消耗；主油路压力过低时，又会使离合器和制动器等执行元件打滑，因此在主油路系统中必须设置主油路调压阀。其作用是将液压泵输出的压力精确调节到所需值后输入主油路，以满足主油路系统在不同工况、不同档位时，具有不同油压的要求。

当节气门开度较小时，自动变速器所传递的转矩较小，执行机构中的离合器、制动器不易打滑，主油路压力可以降低。当发动机节气门开度较大时，因传递的转矩增大，为防止离合器、制动器打滑，主油路压力要升高。

当汽车用低速档行驶时，所传递的转矩较大，主油路压力高。在汽车用高速档行驶时，自动变速器传递的转矩较小，可降低主油路油压，以减小液压泵的运转阻力。

如倒档使用的时间较少，为减小自动变速器的尺寸，倒档执行机构被做得较小，为避免出现打滑，需提高操纵油压。

主油路调压阀的结构如图 2-42 所示。当来自液压泵的液压升高时，阀弹簧被压缩，至排油口的油通路打开且油路压力保持不变。但是，当节气门开度增大时，来自节流阀的压力上升，推动主调节阀阀芯上移，减少排油量，主油路压力增大，以防止离合器和制动器打滑。当挂入 R 位时，来自 R 位的油压能使主油路压力上升。

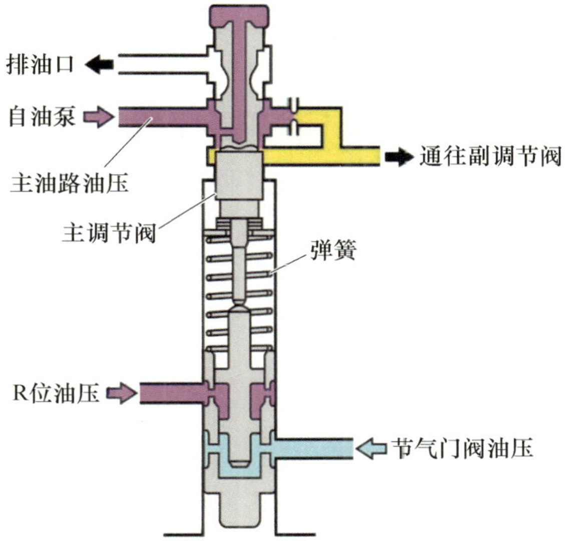

图 2-42　主油路调压阀的结构

（2）电磁阀　电磁阀的作用是受 ECU 的控制，将电信号变成液压信号，用于操作换档阀和控制液压。

目前，液力自动变速器上应用的电磁阀有两种（图 2-43），一种是换档电磁阀，用于打开和关闭油的通路，这是根据 ECU 的信号进行的（“通”信号使油通路打开，“断”信号使油通路关闭）；另一种是脉冲线性电磁阀，它根据 ECU 的电流以线性方式控制液压（即可连续改变油液压力的大小）。

液力自动变速器换档电磁阀用于控制换档，线性电磁阀用于控制液压。

随堂笔记

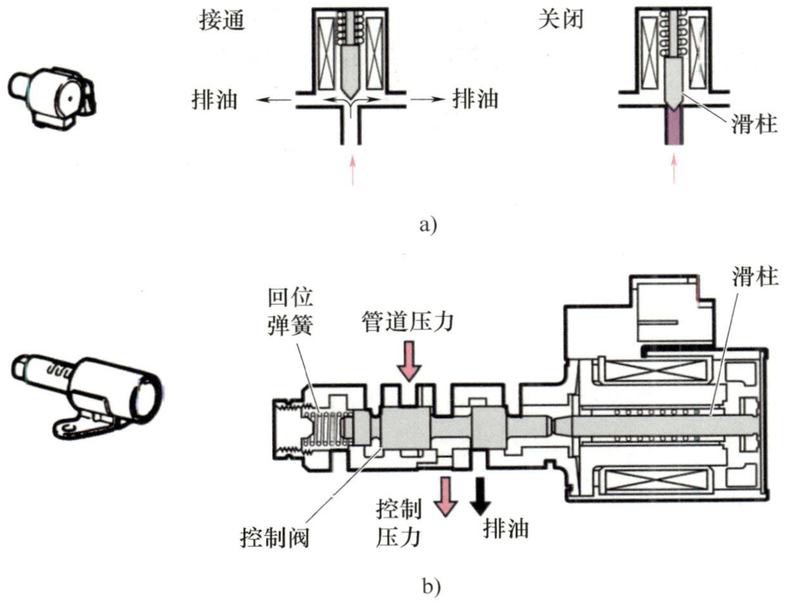

图 2-43　电磁阀的类型

a）换档电磁阀　b）脉冲线性电磁阀

（3）手动阀　手动阀又称为手控阀或手动换档阀，与驾驶室内的变速杆通过拉索相连，其功用是控制各档位油路的转换。如图 2-44 所示，当驾驶人操纵变速杆时，手动阀会移动，使主油压通往不同的油道。例如当变速杆置于“P”位时，主油压会通往“P”“R”和“L”位油道；当变速杆置于“R”位时，主油压会同时通往“P”“R”和“L”位油道与“R”位油道；当变速杆置于“N”位时，手动阀会将主油路油压进油道切断，便不会有主油压通往各换档阀；当变速杆置于“D”位时，主油压会通往“D”“2”和“L”位油道；当变速杆置于“2”位时，主油压会同时通往“D”“2”和“L”位油道与“2”和“L”位油道；当变速杆置于“L”位时，主油压会同时通往“D”“2”和“L”位油道与“2”和“L”位油道及“P”“R”和“L”位油道。

随堂笔记

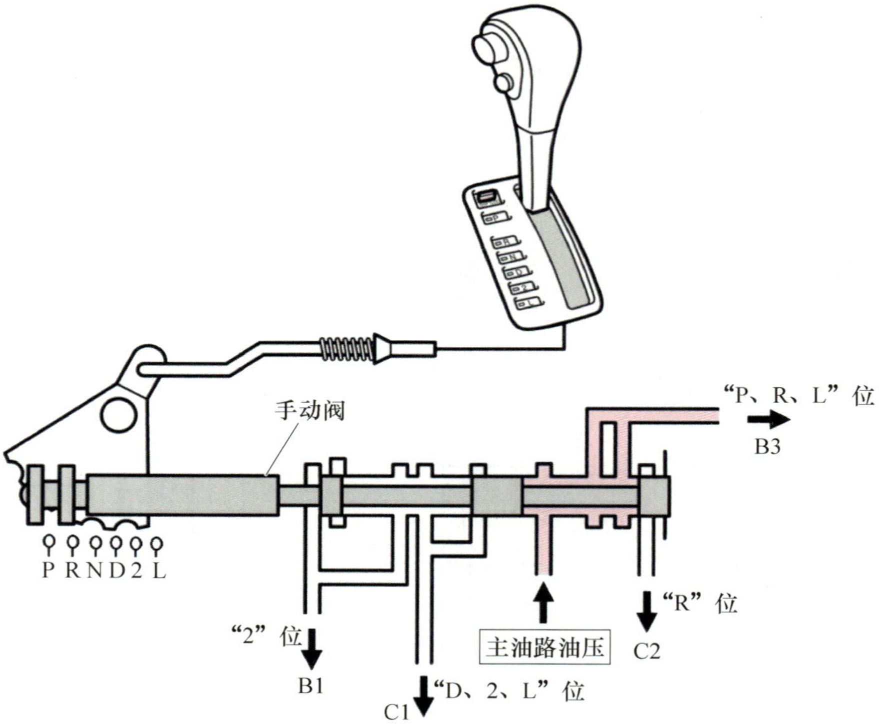

图 2-44 手动阀的结构

(4) 换档阀 换档阀的功用是控制变速器自动升、降档。电控自动变速器换档阀的工作由换档电磁阀控制，其控制方式有两种：一种是加压控制，即通过开启或关闭换档阀控制油路进油孔来控制换档阀的工作；另一种是泄压控制，即通过开启或关闭换档阀控制油路泄油孔来控制换档阀的工作。泄压控制方式的工作原理图如图 2-45 所示。当电磁阀未通电时，电磁阀关闭，液压油作用在换档的上方，压缩弹簧下移，关闭主油路油压到换档执行元件的通道，此时变速器一档工作，如图 2-45a 所示。当达到换档点时，ECU 控制电磁阀通电，作用在换档阀上方的液压油被泄掉，换档阀在下方弹簧的作用下向上移，接通主油路油压到 B_2 制动器的油压，此时变速器二档工作，如图 2-45b 所示。

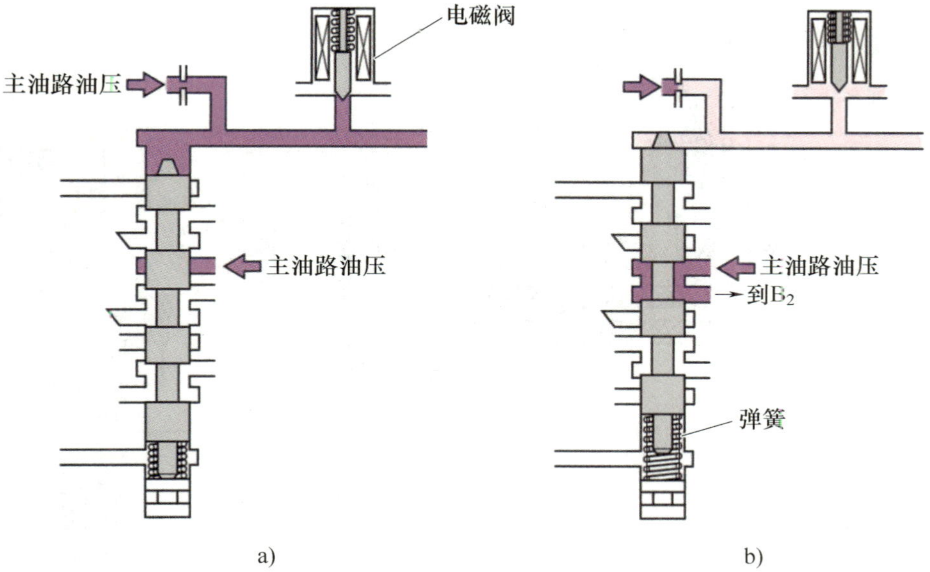

图 2-45　泄压控制方式的工作原理图

a）电磁阀未通电时（一档）　b）电磁阀通电时（二档）

（5）锁止离合器控制阀　目前，在一些新型电控自动变速器上，锁上电磁阀采用脉冲式线性电磁阀，ECU 可控制脉冲电信号占空比大小来调节锁止电磁阀的开度，以控制作用在锁止离合器控制阀下端的油压，由此调节锁止离合器控制阀上移时排油孔的开度，从而控制锁止离合器活塞左侧油压的大小。当作用在锁止电磁阀上的脉冲电信号的占空比为 0 时，电磁阀关闭，没有油压作用在锁止离合器控制阀的下端，在上方弹簧的作用下，锁止离合器控制阀位于最下方，此时油液流至锁止离合器的前端，锁止离合器片前端与后端的压力相同，使锁止离合器分离，如图 2-46 所示。当作用在锁止电磁阀上的脉冲电信号较小时，电磁阀的开度和作用在锁止离合器控制阀下端的油压以及锁止控制阀上移打开的排油孔开度均较小，锁止离合器活塞左、右两侧油压差以及由此产生的锁止离合器接合力较小，使锁止离合器处于半接合状态。脉冲信号的占空比越大，锁止离合器活塞左、右两侧油压差以及锁止离合器的接合力越大。当脉冲信号的占空比达到一定数值时，锁止离合器控制阀完全上移，油液流至锁止离合器的后端，锁止离合器即可完全接合。这样，ECU 在控制锁止离合器接合时，可以通过锁止电磁阀来调节其接合速度，让接合力逐渐增大，使接合过程更加柔和。

随堂笔记

（6）蓄能器　蓄能器的作用是缓冲离合器和制动器在接合时的冲击（缓冲换档冲击）。如图 2-47 所示，蓄能器柱塞的工作侧和背压侧的表面面积不同（工作侧大于背压侧）。当来自手动阀的油路压力作用在工作侧时，柱塞压缩弹簧慢慢上升，送至离合器和制动器的油路压力渐渐升高，防止离合器或制动器片快速接合时引起冲击；当推上柱塞压缩弹簧时储存了能量，还起到了蓄能的作用。

随堂笔记

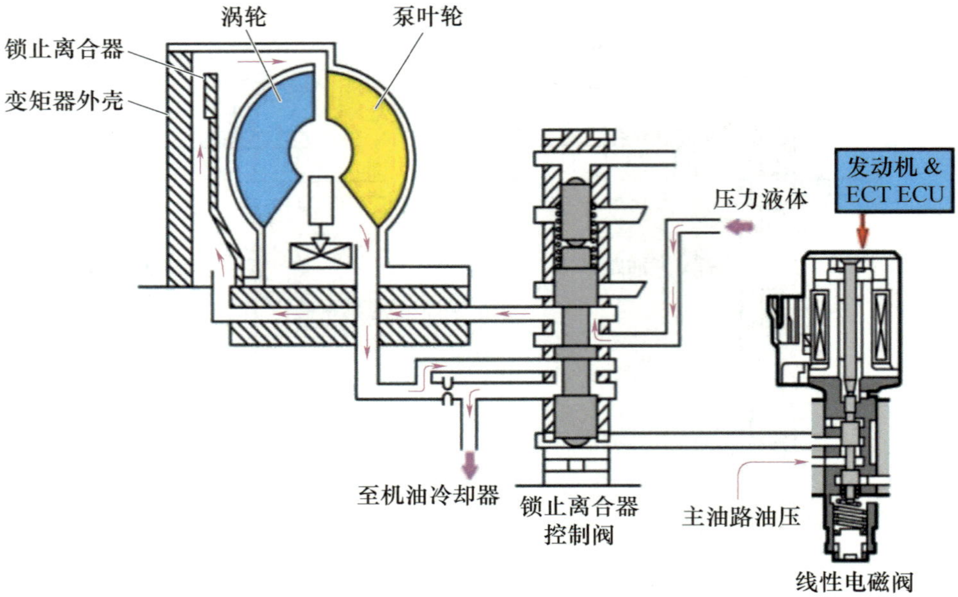

图 2-46　锁止离合器控制阀

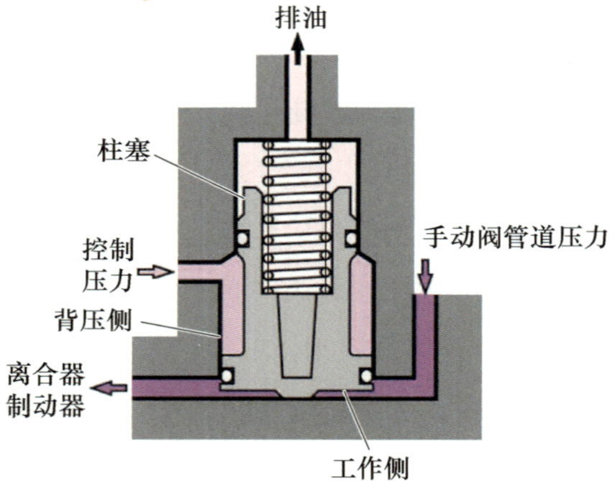

图 2-47　蓄能器的结构与工作原理图

3. 执行机构

执行机构主要由离合器液压缸和制动器液压缸等组成，其功用是在控制油压的作用下实现离合器的接合和分离、制动器的制动和松开动作，以便得到相应的档位。

五、电子控制系统

1. 概述

自动变速器的电子控制系统包括传感器及开关、电控单元（ECU）和执行器三部分，如图 2-48 所示。

传感器及开关部分主要包括节气门位置传感器、车速传感器、发动机转速传感器、输入轴转速传感器、输出轴转速传感器、冷却液温度传感器、ATF 温度传感器、驻车档 / 空档位置开关（又称为空档起动开关）、强制降档开关、制动灯开关、模式选择开关、O/D 开关等。

执行器部分主要包括各种电磁阀和故障指示灯等。

ECU 主要完成换档控制、锁止离合器控制、油压控制、故障诊断和失效保护等功能。

自动变速器 ECU 具有自诊断功能，如果电子控制系统出现故障，ECU 会将故障码储存在存储器中，以便读取；另外，ECU 还会使 O /D OFF 指示灯（或故障指示灯）亮起，提示自动变速器出现故障。

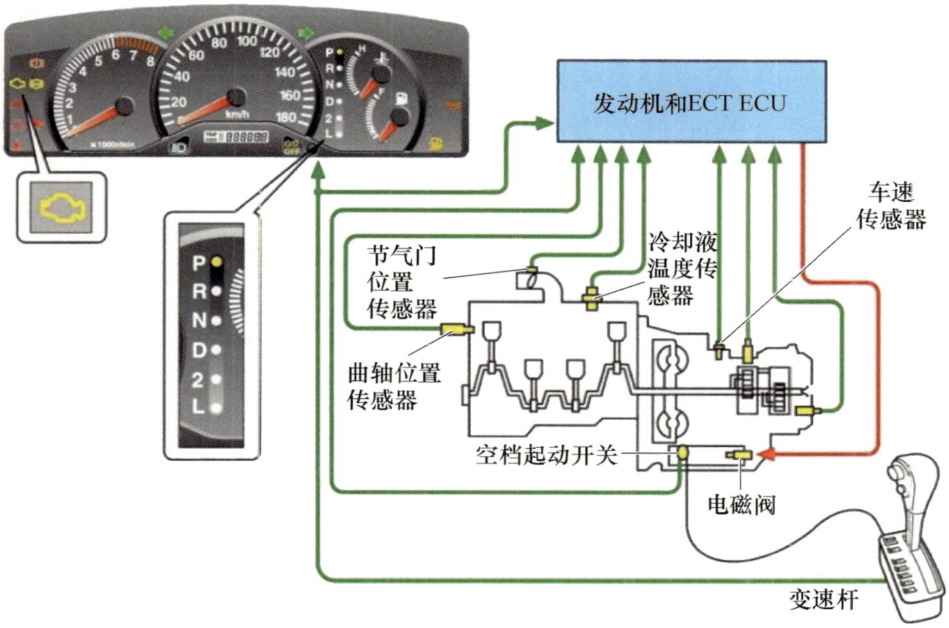

图 2-48　自动变速器电子控制系统的组成

2. 传感器的结构与工作原理

图 2-49 所示为自动变速器电子控制系统各传感器的安装位置图。其中，曲轴位置传感器、节气门位置传感器、冷却液温度传感器与发动机控制系统共用传感器信号；ATF 温度传感器与冷却液温度传感器的结构与工作原理基本相同，车速传感器、输入轴转速传感器和输出轴转速传感器与曲轴位置传感器也大同小异，因此，在本书不做详细讲解。

随堂笔记

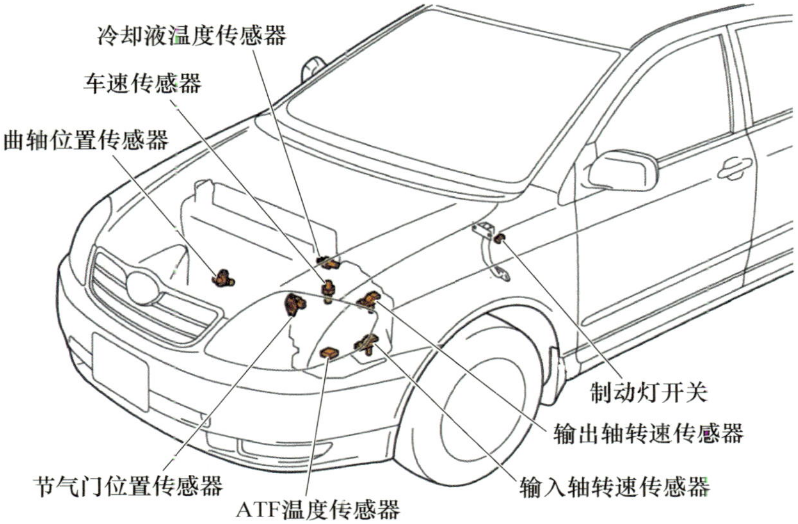

图 2-49　自动变速器电子控制系统各传感器的安装位置图

（1）O/D 开关　O/D 开关又称为超速档开关，一般安装在变速杆上，由驾驶人操作控制，可以使自动变速器有或没有超速档。

如图 2-50 所示，当按下 O/D 开关（OFF）时，O/D 开关的触点实际为断开，此时 ECU 端子 OD_2 的电压为 12 V，自动变速器可以升至超速档，且 O/D OFF 指示灯不亮。

当再次按下 O/D 开关时，O/D 开关会弹起（ON），O/D 开关的触点实际为闭合，此时 ECU 端子 OD_2 的电压为 0V，自动变速器不能升至超速档，且 O/D OFF 指示灯亮。

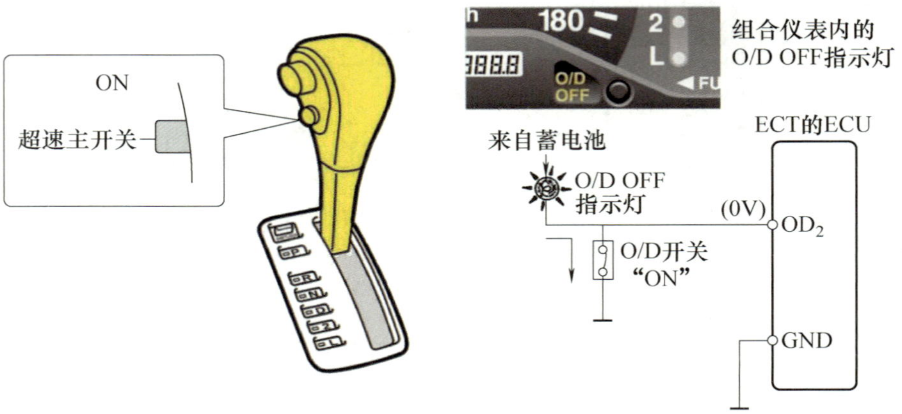

图 2-50　O/D 开关 ON 时的状态

（2）空档起动开关　空档起动开关有两个功用，一是给自动变速器 ECU 提供档位信息；二是保证只有变速杆置于 P 位或 N 位才能起动发动机。

随堂笔记

空档起动开关的工作原理图如图 2-51 所示。当变速杆置于某个档位时，某档位开关就会接通，ECU 就会接收到该档位信号，同时仪表盘上相应的档位指示灯会亮。当变速杆置于P位或N位时，下方的P、N开关才会接通，起动继电器线圈才能通电，使发动机起动。

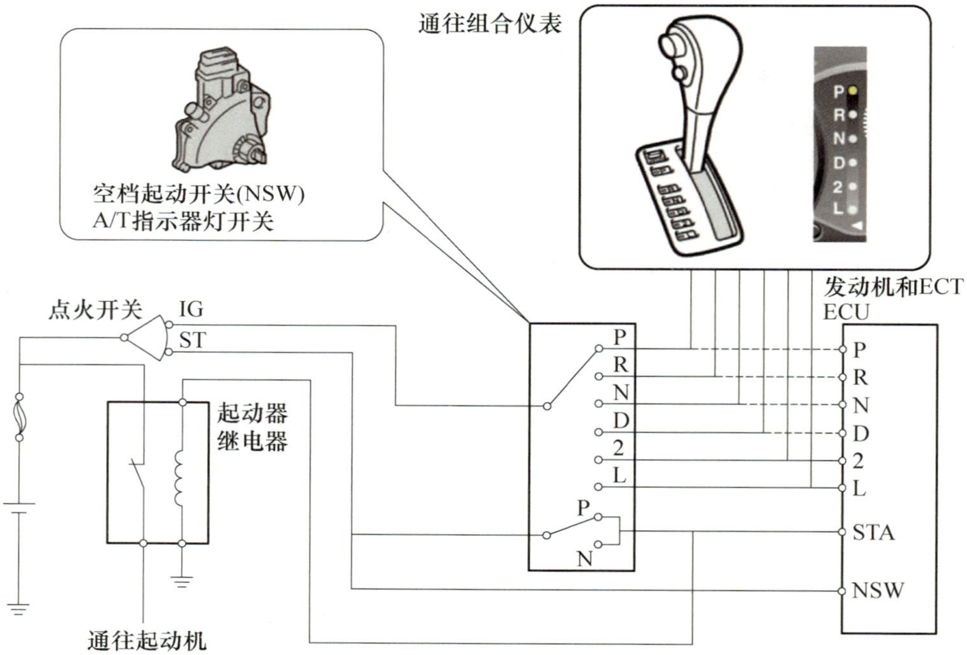

图 2-51　空档起动开关的工作原理图

3. 执行器的结构

电子控制系统的执行器主要指电磁阀和故障指示灯，部分车型的 O/D OFF 指示灯就是故障指示灯。

电磁阀根据功能的不同可以分为换档电磁阀、锁止离合器电磁阀和油压电磁阀；根据工作原理的不同可以分为开关式电磁阀和占空比式（脉冲线性式）电磁阀。不同的自动变速器使用的电磁阀数量不同，一般为 3~8 个。

绝大多数换档电磁阀采用开关式电磁阀，油压电磁阀采用占空比式电磁阀，而锁止离合器电磁阀采用开关式或占空比式电磁阀。

4. 自动变速器电控单元（ECU）的结构与工作原理

自动变速器 ECU 具有换档控制、锁止离合器控制、换档平顺性控制、故障自诊断和失效保护等功能。

（1）换档控制　自动变速器换档时刻的控制是自动变速器 ECU 最重要的控制内容之一。汽车在某个特定工况下都有一个与之对应的最佳换档时刻，使汽车发挥出最好的动力性和经济性。汽车在行驶过程中，自动变速器 ECU 根据模式选择开关信号、节气门开度信号、车速信号等参数打开或关闭换档电磁阀，从而打开或关闭通往离合器、制动器的油路，使变速器升档或降档。

随堂笔记

图 2-52 所示为常见四档自动变速器的自动换档图，具有以下特点：

1）随着节气门开度的增大，升档或降档车速增加。以二档升三档为例，当节气门开度为 2/8 时，升档车速为 35km/h，降档车速为 12km/h；当节气门开度为 4/8 时，升档车速为 50km/h，降档车速为 25km/h。所以在实际的换档操作过程中，一般可以采用松加速踏板的方法来快速升档。

2）升档车速高于降档车速，以免自动变速器在某一车速附近频繁升档、降档而加剧自动变速器的磨损。

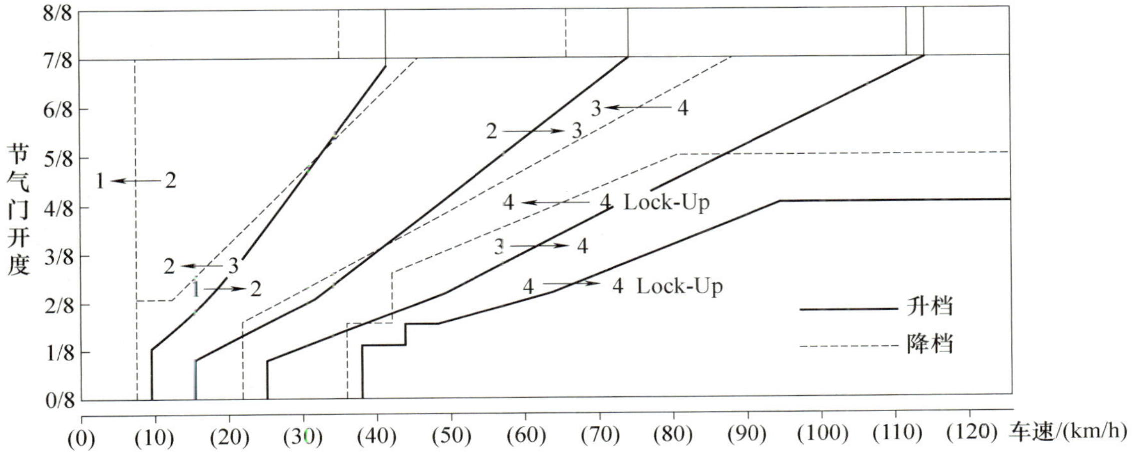

图 2-52　常见四档自动变速器的自动换档图

（2）锁止离合器控制　自动变速器 ECU 将各种行驶模式下锁止离合器的工作方式编程存入存储器，然后根据各种输入信号，控制锁止离合器电磁阀的通、断电，从而控制锁止离合器的工作。

锁止离合器工作如果满足以下五个条件，自动变速器 ECU 会接通锁止离合器电磁阀，使锁止离合器处于接合状态。

1）变速杆置于 D 位，且档位在 D_2、D_3 或 D_4 档。

2）车速高于规定值。

3）节气门开启。

4）冷却液温度高于规定值。

5）未踩下制动踏板（制动灯开关未接通）。

（3）换档平顺性控制　自动变速器改善换档平顺性的方法有换档油压控制、减小转矩控制和 N-D 换档控制。

1）换档油压控制。自动变速器在升档和降档的瞬间，ECU 会通过油压电磁阀适当降低主油路油压，以减小换档冲击，改善换档。也有的自动变速器是在换档时通过电磁阀来减小蓄能器背压，以减缓离合器或制动器油压的增长率，来减少换档冲击。

随堂笔记

2）减小转矩控制。在自动变速器换档的瞬间，通过推迟发动机点火时刻或减少喷油量，减小发动机输出转矩，以减小换档冲击和输出轴的转矩波动。

3）N-D 换档控制。当变速杆由 P 位或 N 位置于 D 位或 R 位时，或由 D 位或 R 位置于 P 位或 N 位时，通过调整喷油量把发动机转速的变化减少到最小限度，以改善换档。

（4）故障自诊断　电控自动变速器 ECU 具有内置的自诊断系统，它不断监控各传感器、信号开关、电磁阀及其电路。当有故障时，ECU 使 O/D OFF 指示灯闪烁，以提醒驾驶人或维修人员，并将故障内容以故障码的形式存储在存储器中，以便维修人员采用人工或仪器的方式读取故障码。

自动变速器的检查与维护	学习任务单	班级：
		姓名：

1. 液力变矩器的主要功用有＿＿＿＿＿、无级变速、自动离合和驱动液压泵。它主要由＿＿＿＿＿、涡轮、＿＿＿＿＿、锁止离合器和单向离合器等组成。

2. 辛普森式行星齿轮自动变速器有＿＿＿＿＿个行星排，组成后两个行星的元件是前后太阳轮组件、＿＿＿＿＿、前齿圈、＿＿＿＿＿，其中＿＿＿＿＿与输出轴相连。

3. 液力式自动变速器的换档执行元件包括＿＿＿＿＿、制动器和＿＿＿＿＿。其中，＿＿＿＿＿能起到连接行星齿轮两个元件的作用，＿＿＿＿＿能使某一元件只能按一定方向旋转，而在另一方向上锁止。

4. 写出下图中零部件的名称。

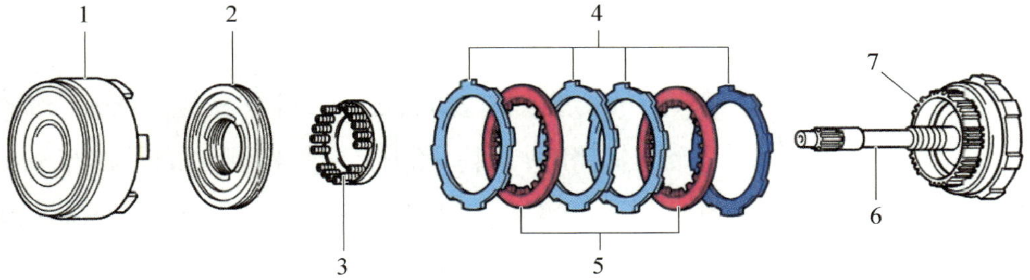

1. ＿＿＿＿＿　2. ＿＿＿＿＿　3. ＿＿＿＿＿　4. ＿＿＿＿＿

5. ＿＿＿＿＿　6. ＿＿＿＿＿　7. ＿＿＿＿＿

5. 液压控制系统主要包括动力源、＿＿＿＿＿和执行机构三大部分。其中，液压控制系统动力源的部件是＿＿＿＿＿，液压控制系统执行机构的部件是＿＿＿＿＿。

6. 写出下图中零部件的名称。

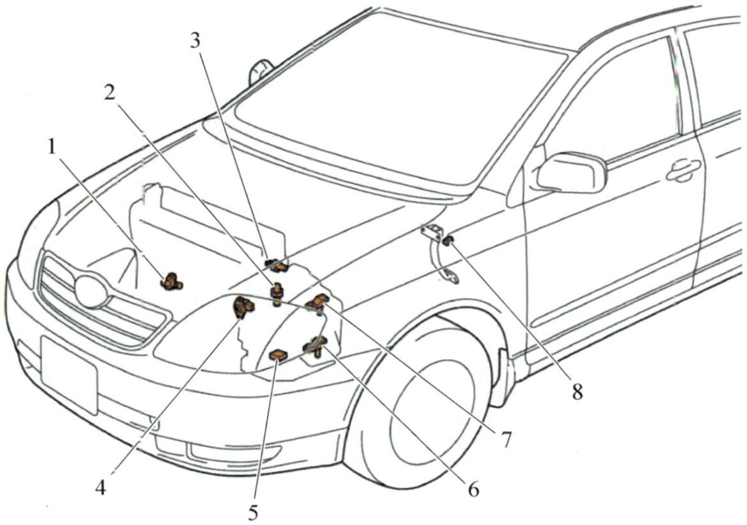

1. ＿＿＿＿＿　2. ＿＿＿＿＿　3. ＿＿＿＿＿　4. ＿＿＿＿＿

5. ＿＿＿＿＿　6. ＿＿＿＿＿　7. ＿＿＿＿＿　8. ＿＿＿＿＿

随堂笔记

任务实施

实训器材

丰田卡罗拉轿车或实训台架、故障诊断仪、自动变速器油压测量表、秒表、常用维修工具和维修手册等。

作业准备

1）将车辆在工位停放周正。

2）铺好车内和车外护套等。

操作步骤

一、故障码与数据流的读取

通过故障诊断仪读取自动变速器系统的故障码、数据流和对执行元件进行工作测试的具体步骤如下：

1）将点火开关置于OFF位置，然后将故障诊断仪连接到故障诊断座。

2）将点火开关置于ON（IG）位置，按下故障诊断仪电源键。

3）选择要检测的车型，进入自动变速器系统或动力与驱动系统。

4）选择读取故障码，记录故障码。

5）清除故障码，重新读取故障码。

6）根据故障码，读取故障码所指元件的数据流，与维修手册标准数据流进行对比。

7）根据故障码和异常数据流信息查找维修手册，根据维修手册流程查找故障原因。

情智知识

感恩应是源自你内心的爱

如果这世界没有爱，就没有感恩。懂得爱的人是幸福的。一个心中有爱的人，必是一个心怀感恩的人，而只有懂得感恩、学会感恩，才能够将心中的爱传递给别人。一传十、十传百，“爱”便会在这样的氛围中不断传递下去。一个内心充满爱意的人，才能获得真正意义上的成功，一个不懂感恩、心中无爱的人即便成功了，那样的成功也是一种畸形的“成功”。

感恩是一种美德。古语说：“修心成仁，仁者爱人”，有爱的人才会感恩。不要小看生活中小小的善举。在他人急需帮助的时候，能主动热情地伸出双手给予照顾，急人之急、帮人之苦、忧人之忧、救人之危，这是一种高尚行为。而对于身在学校的我们来说，心怀善良、助人为乐的举动就是内心有爱的感恩。

二、自动变速器的测试

1. 换档时滞测试

（1）目的　发动机怠速转动时将变速杆从空档拨至前进档或倒档后，需要有一段时间的时滞或延时才能使自动变速器完成换档工作，这一时间称为自动变速器换档时滞时间。根据换档时滞时间的长短，可判断主油路油压及换档执行元件的工作是否正常。

（2）注意事项

1）在 ATF 的正常工作温度为 50~80℃时执行测试。

2）两次测试之间一定要有 1min 以上的间隔。

3）进行三次测试，测量时滞，计算这三个时滞的平均值。

（3）测试方法及步骤

1）将故障诊断仪连接到故障诊断插座。

2）完全拉紧驻车制动器手柄。

3）起动发动机并使其暖机，检查怠速转速。怠速转速大约 700r/min（在 N 位并且关闭空调）。

4）将变速杆从 N 位换至 D 位，用秒表测量从切换变速杆到感受到冲击的时间间隔。标准时滞：N → D 的时间少于 1.2s。

随堂笔记

5）用同样的方法测量 N → R 的时滞。标准时滞：N → R 的时间少于 1.5s。

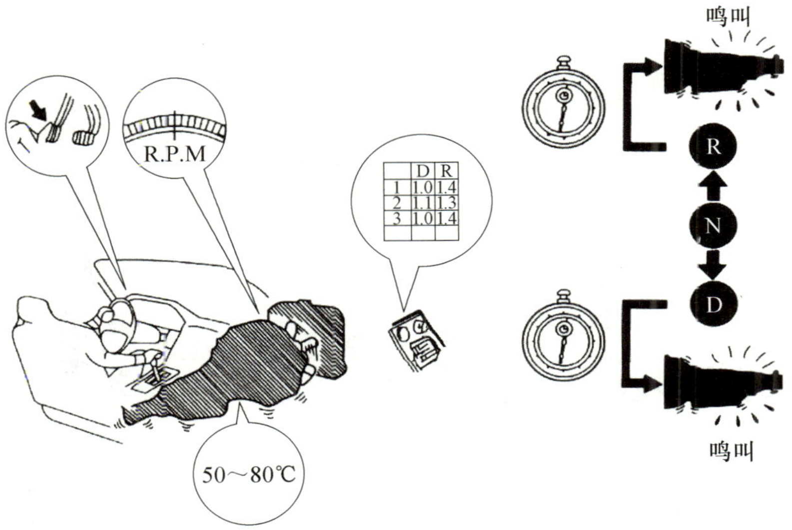

如果 N → D 或 N → R 的时滞比规定的时滞长，可能的故障原因见表 2-2。

2. 失速测试

（1）目的　失速试验测试的目的是通过测量 D 位的失速转速，来检查自动变速器和发动机的整体性能。

表 2-2　N → D 或 N → R 的时滞比规定的时滞长故障可能的原因

故障	可能的故障原因	故障	可能的故障原因
N → D 时滞较长	1）管路压力过低 2）前进档离合器磨损 3）2 号单向离合器工作异常	N → R 时滞较长	1）管路压力过低 2）倒档离合器磨损 3）一档和倒档制动器磨损

（2）注意事项

1）应在不会打滑的路面上进行测试。

2）在 ATF 的正常工作温度为 50~80℃时执行测试。

3）请勿连续执行本测试超过 5s。

4）为确保安全，应在能够提供良好牵引力的宽阔而空旷的平地上进行测试。

（3）测试方法及步骤

1）用车轮挡块牢靠地塞住四个车轮。

2）将故障诊断仪连接到故障诊断插座。

3）完全拉紧驻车制动器手柄。

4）左脚一直牢牢踩住制动踏板。

5）起动发动机。

随堂笔记

6）换至 D 位，用右脚将加速踏板踩到底。

7）快速读取失速转速（此时发动机能达到的最高转速）。标准失速转速：（2400 ± 300）r/min。

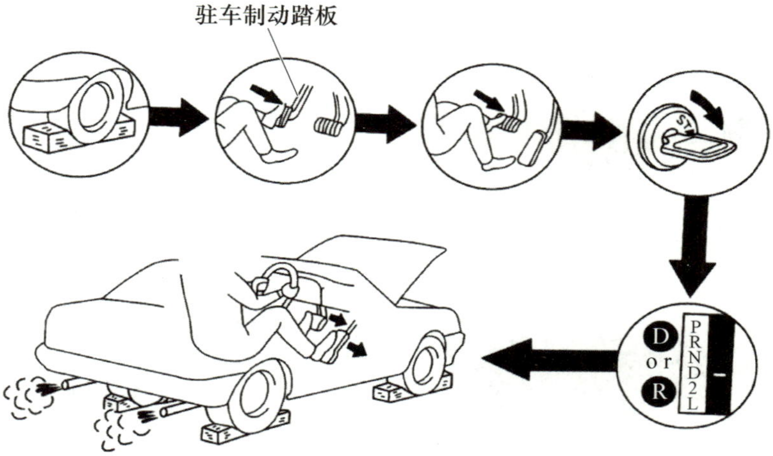

如果失速转速不符合标准要求，可能的故障原因见表 2-3。

表 2-3　失速转速不符合标准可能的故障原因

故障	可能的故障原因
D 位时发动机失速转速低	1）发动机动力输出可能不足 2）液力变矩器导轮单向离合器工作异常 注意：如果测量值比规定值低 600r/min 或更多，则液力变矩器可能有故障

（续）

故障	可能的故障原因
D 位时发动机失速转速高	1）管路压力过低 2）前进档离合器打滑 3）2 号单向离合器工作异常 4）液位不正确

3. 油压测试

（1）注意事项

1）在 ATF 的正常工作温度为 50~80℃时执行测试。

2）管路压力测试务必由两人一起完成。一名维修人员进行测试时，另一名维修人员应在车外观察车轮或车轮挡块的状况。

3）检测必须在检查和调整发动机之后进行。

4）检测应在空调关闭的情况下进行。

5）失速测试时，测试的持续时间不得超过 5s。

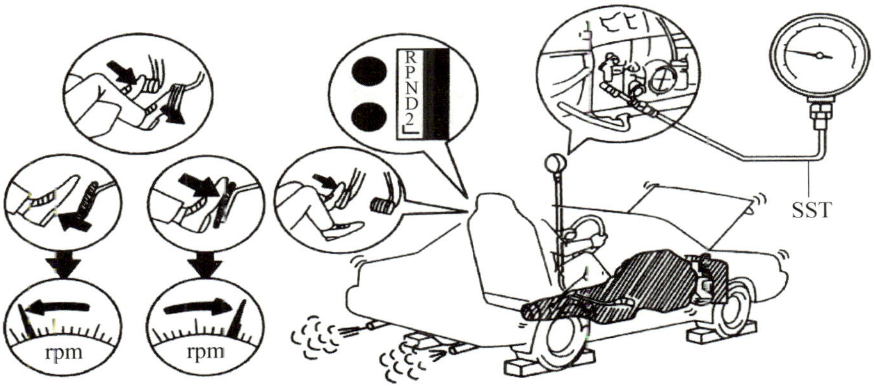

（2）测试方法及步骤

1）起动发动机使 ATF 变暖。

2）将发动机熄火，使用合适的工具拆下自动变速器壳左前侧的检测螺塞，将自动变速器油压测量表连接到该螺塞孔上。

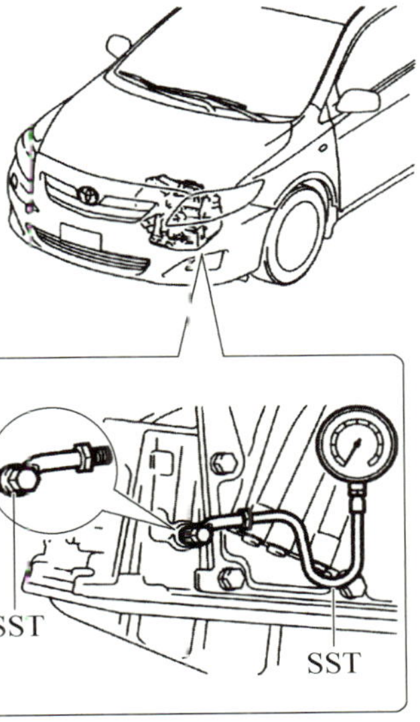

扫一扫

自动变速器油油压测量

随堂笔记

3）完全拉紧驻车制动器手柄并塞住四个车轮。

4）将故障诊断仪连接到故障诊断插座。

5）起动发动机并检查怠速。

6）用左脚踩住制动踏板并换至 D 位。

7）在发动机怠速运转时测量管路压力。丰田 U341E 型自动变速器管路压力见表 2-4。

表 2-4　丰田 U341E 型自动变速器管路压力

条件	D 位 /kPa	R 位 /kPa
怠速运转时	372~412	553~623
失速测试	1120~1230	1660~1870

8）将加速踏板踩到底，发动机转速达到失速转速时，迅速读取最高管路压力，应符合表 2-4 的要求。

9）用同样的方法在 R 位进行测试，应符合表 2-4 的要求。

如果管路压力不符合规定，可能的故障原因见表 2-5。

表 2-5　管路压力不符合规定可能的故障原因

故障	可能的故障原因	故障	可能的故障原因
在所有位置测量值都偏高	1）换档电磁阀 SLT 故障 2）调压器阀故障	仅在 D 位压力偏低	1）D 位油路漏油 2）前进档离合器故障
在所有位置测量值都偏低	1）换档电磁阀 SLT 故障 2）调压器阀故障 3）油泵故障	仅在 R 位压力偏低	1）R 位油路漏油 2）倒档离合器故障 3）一档和倒档制动器故障

随堂笔记

自动变速器的检查与维护	工作任务单	班级：
		姓名：

一、车辆信息记录

品牌		整车型号		生产年月	
发动机型号		发动机排量		行驶里程	
车辆识别代号					

二、故障码及数据流读取

故障码				
清除故障码后读码				
数据流参数名称	不起动数值	怠速数值	高转速数值	判定
				正常□　异常□
				正常□　异常□
				正常□　异常□
				正常□　异常□

三、换档时滞测试

作业项目	三次测量值	平均值	判定	作业项目	三次测量值	平均值	判定
N → D	s	s	正常□ 异常□	N → R	s	s	正常□ 异常□
	s				s		
	s				s		

四、油压测试

作业项目	怠速油压	失速油压	判定	作业项目	怠速油压	失速油压	判定
D 位	kPa	kPa	正常□ 异常□	R 位	kPa	kPa	正常□ 异常□

五、失速测试

作业项目	失速转速	标准失速转速	判定
D 位最大节气门开度	r/min	r/min	正常□　异常□

六、查阅维修手册

序号	部件名称	章节及页码			规格（米制）
1		第	章	页	
2		第	章	页	
3		第	章	页	

随堂笔记

自动变速器的检查与维护		实习日期：	
姓名：	班级：	学号：	教师签名：
自评：□熟练 □不熟练	互评：□熟练 □不熟练	师评：□合格 □不合格	
日期：	日期：	日期：	

自动变速器的检查与维护【评分细则】

序号	评分项	得分条件	分值	评分要求	自评	互评	师评
1	安全 /7S/ 态度	□ 1. 能进行工位 7S 操作 □ 2. 能进行设备和工具安全检查 □ 3. 能进行车辆安全防护操作 □ 4. 能进行工具清洁、校准、存放操作 □ 5. 能进行三不落地操作	15 分	未完成 1 项扣 3 分	□熟练 □不熟练	□熟练 □不熟练	□合格 □不合格
2	专业技能能力	作业 1 □ 1. 能正确地连接故障诊断仪 □ 2. 能正确地检查驱动系统故障灯 □ 3. 能正确地读取驱动系统故障码 □ 4. 能正确地清除驱动系统故障码 □ 5. 能正确地读取驱动系统数据流 □ 6. 能正确地读取不起动时数据流 □ 7. 能正确地读取怠速时数据流 □ 8. 能正确地读取高速时数据流 作业 2 □ 1. 能正确地变换 N → D 位 □ 2. 能正确地变换 N → R 位 □ 3. 能正确地记录换档冲击时间间隔 作业 3 □ 1. 能正确地拆卸油压检测螺塞 □ 2. 能正确地安装油压测量表 □ 3. 能正确地读取 D 位怠速时油压 □ 4. 能正确地读取 D 位失速时油压 □ 5. 能正确地读取 R 位怠速时油压 □ 6. 能正确地读取 R 位失速时油压 作业 4 □ 1. 能正确地变换 D 位 □ 2. 能正确地加大节气门 □ 3. 能正确地读取 D 位最大失速转速	50 分	未完成 1 项扣 3 分，扣分不得超过 50 分	□熟练 □不熟练	□熟练 □不熟练	□合格 □不合格
3	工具及设备的使用能力	□ 1. 能正确地使用维修工具 □ 2. 能正确地使用维修诊断仪 □ 3. 能正确地使用油压测量表 □ 4. 能正确地使用秒表	10 分	未完成 1 项扣 3 分，扣分不得超过 10 分	□熟练 □不熟练	□熟练 □不熟练	□合格 □不合格
4	资料、信息查询能力	□ 1. 能正确地使用维修手册查询资料 □ 2. 能正确地记录查询资料的章节及页码 □ 3. 能正确地记录所需维修信息	10 分	未完成 1 项扣 3 分	□熟练 □不熟练	□熟练 □不熟练	□合格 □不合格
5	数据判断和分析能力	□ 1. 能判断数据流是否正常 □ 2. 能判断换档冲击间隔时间是否正常 □ 3. 能判断 D 位怠速油压是否正常 □ 4. 能判断 D 位失速油压是否正常 □ 5. 能判断 R 位怠速油压是否正常 □ 6. 能判断 R 位失速油压是否正常 □ 7. 能判断 D 位最大失速转速是否正常	10 分	未完成 1 项扣 3 分，扣分不得超过 10 分	□熟练 □不熟练	□熟练 □不熟练	□合格 □不合格
6	表单填写和报告撰写能力	□ 1. 字迹清晰 □ 2. 语句通顺 □ 3. 无错别字 □ 4. 无涂改 □ 5. 无抄袭	5 分	未完成 1 项扣 1 分	□熟练 □不熟练	□熟练 □不熟练	□合格 □不合格
总分：							

随堂笔记

项目三 / Project 3

无级变速系统的检查与维护

任务

无级变速器的检查与维护

学习目标

知识目标

1）能够叙述无级变速器的基本工作原理与优、缺点。

2）能够掌握无级变速器的组成并认知各零部件。

技能目标

1）具有正确、规范地检查无级变速器油的能力。

2）具有正确地使用故障诊断仪读取无级变速系统故障码与数据流的能力。

3）具有更换无级变速器油的能力。

素养目标

随堂笔记

1）培养团队精神和集体主义精神。

2）加强环境保护和工作安全的意识。

3）树立为客户服务的观念。

任务描述

一位丰田卡罗拉轿车的车主反映：无级变速器油液已经达到更换周期。请你对变速器进行维护作业。

相关知识

一、概述

1. 原理介绍

无级变速器是传动比可以在一定范围内连续变化的变速器，简称 CVT。它采用传动带和工作直径可变的主、从动轮相配合来传递动力，可以实现传动比的连续改变，从而得到传动系统与发动机工况的最佳匹配，最大限度地利用发动机的特性，提高汽车的动力性和燃油经济性。目前，无级变速器在汽车上的应用越来越多，常见的无级变速器是金属带式无级变速器，如图 3-1 所示。

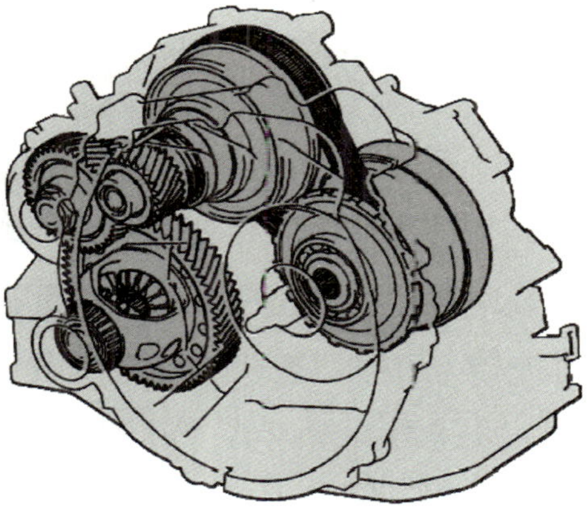

图 3-1　金属带式无级变速器

图 3-2 所示为金属带式无级变速器的变速原理图。变速部分由主动带轮、金属传动带和从动带轮组成。每个带轮都是由两个带有斜面的半个带轮组成一体，其中一个半轮是固定的，另一个半轮可以通过液压控制系统控制其轴向移动，两个带轮之间的中心距是固定的。由于两个带轮的直径可以连续无级变化，所以形成的传动比是连续无级变化的。

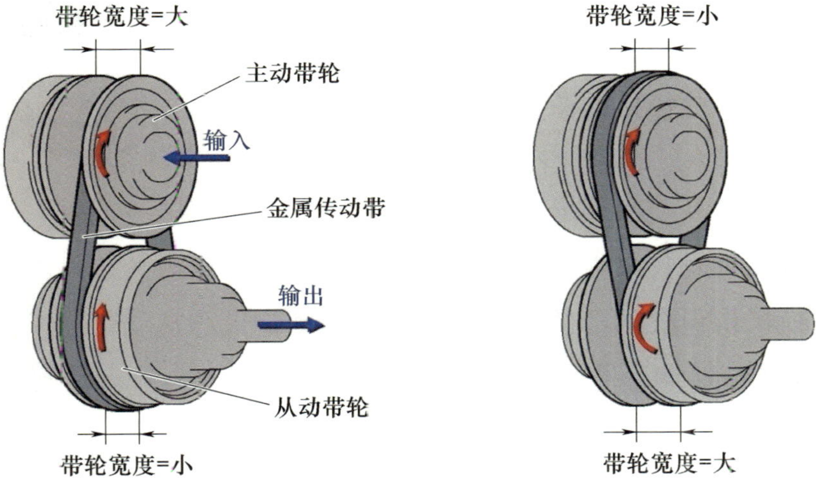

图 3-2　金属带式无级变速器的变速原理图

a）低速状态　b）高速状态

2. 优点

相比传统的手动变速器和自动变速器，无级变速器的优势是显而易见的：

1）结构简单，体积小，大批量生产后的成本低于当前液力式自动变速器的成本。

2）工作速比范围宽，容易与发动机形成理想的匹配，从而改善燃烧过程，降低油耗和排放。

3）变速非常平顺。

4）具有较高的传动效率，功率损失少，经济性高。

3. 缺点

虽然无级变速器的优点很多，但是缺点也很明显：

1）金属传动带（钢带）很容易损坏。

2）不能承受较大的载荷，只能限用于小排量的低功率和低转矩汽车。

随堂笔记

二、无级变速器的基本组成与工作原理

1. 基本组成

丰田车系用无级变速器的结构图如图 3-3 所示。它主要由液力变矩器、前进档 / 倒档切换机构、速比变换机构、减速器、差速器、液压控制系统和电控系统等组成。其中，液压控制系统和电控系统一般集成在一体，位于变速器内部。

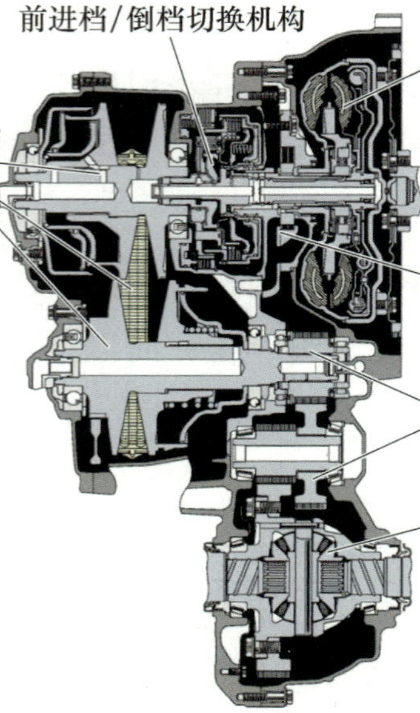

图 3-3 丰田车系用无级变速器的结构图

丰田车系无级变速器各机构连接关系图如图 3-4 所示。发动机输出的动力通过液力变矩器和输入轴传递给前进档 / 倒档切换机构。前进档 / 倒档切换机构包含的部件主要有前进档离合器、倒档制动器和行星齿轮机构。发动机动力经行星齿轮机构传递给速比变换机构。速比变换机构包含的部件有主动带轮、传动钢带和从动带轮。发动机动力通过从动带轮传递到减速器，最后传递到差速器。

随堂笔记

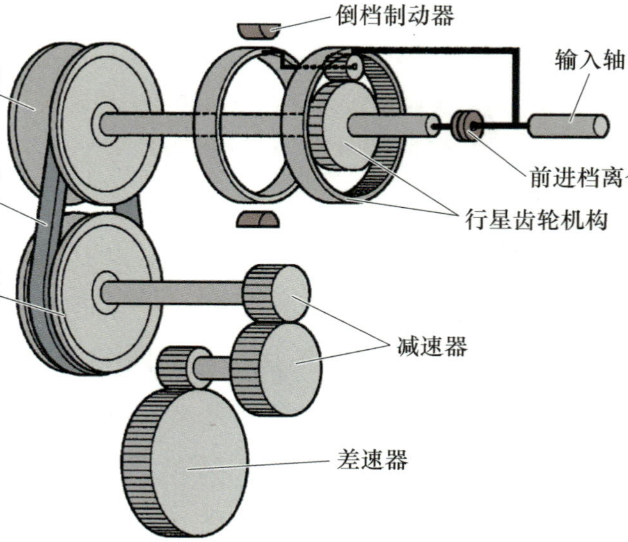

图 3-4 丰田车系无级变速器各机构连接关系图

2. 液力变矩器

液力变矩器将发动机的动力通过 ATF 传递给输入轴，工作原理与液力式自动变速器相同，这里不过多叙述。有很多车型无级变速系统没有使用液力变矩器，而是

采用飞轮减振装置或双质量飞轮来传递动力。

3. 前进档 / 倒档切换机构

前进档 / 倒档切换机构主要包含的元件有单排行星齿轮机构、前进档离合器和倒档制动器，它能够实现前进档、倒档和空档。

（1）前进档　当变速杆处于 D 位时，前进档离合器工作，此时前进档离合器将单排行星齿轮机构的太阳轮与齿圈连接为一体，行星排作为一个整体对外输出动力，如图 3-5a 所示。

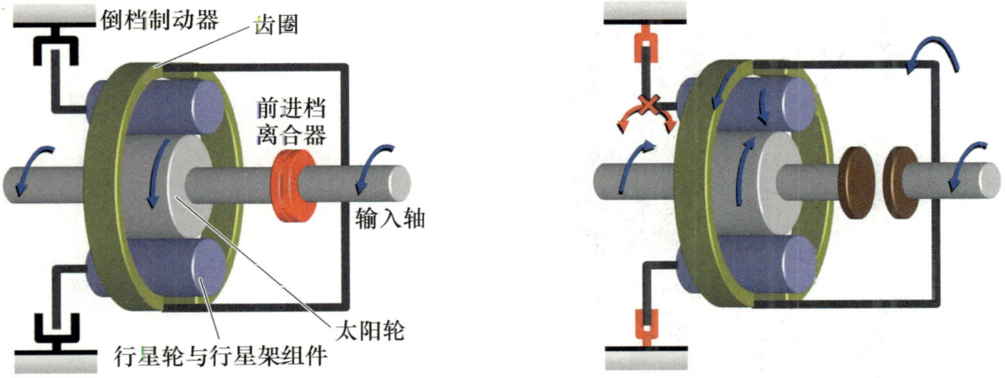

a)　　b)

图 3-5　前进档 / 倒档切换机构工作原理图

a）前进档　b）倒档

随堂笔记

（2）倒档　当变速杆处于 R 位时，倒档制动器工作。此时倒档制动器将单排行星齿轮机构的行星齿轮行星架组件与变速器壳体连接，此时行星齿轮行星架组件被固定，当齿圈（输入轴）旋转时，带动行星齿轮以相同的方向旋转，由于行星齿轮与太阳轮是外啮合，所以太阳轮会反向旋转，如图 3-5b 所示，此时输出与输入转向相反，车辆向后行驶。

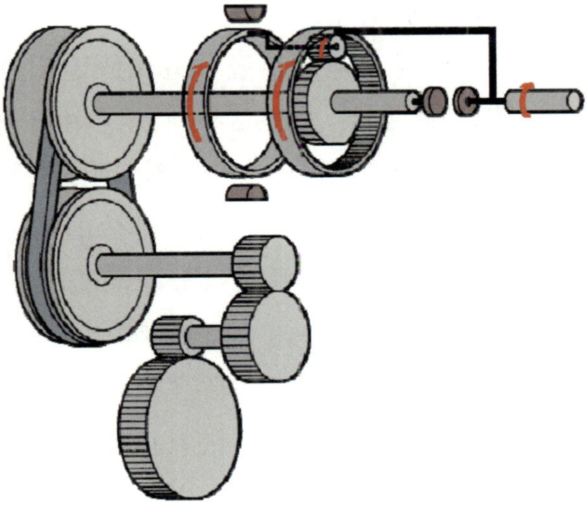

图 3-6　空档时状态

（3）空档　当变速杆处于 P 位或 N 位时，前进档离合器和倒档制动器都不工作。发动机的转矩通过输入轴传递到齿圈，由于行星齿轮与行星架组件处于自由状态，因此无法传递动力到太阳轮，如图 3-6 所示，发动机处于空转状态。

4. 速比变换机构

速比变换机构是无级变速器最重要的装置，其功用是实现无级变速传动，它由主动带轮、从动带轮和钢带等组成。

（1）主、从动带轮　主、从动带轮都是由固定部分和活动部分两部分组成的，钢带装在这两部分之间，如图 3-7 所示。主、从动带轮活动部分后方有液压油腔，当具有一定压力的液压油充入液压油腔时，液压油的压力作用于带轮的活动部分，使其力图移向带轮固定部分。带轮的活动部分越靠近固定部分，带轮的直径越大；带轮的活动部分越远离固定部分，带轮的直径越小，如图 3-8 所示。

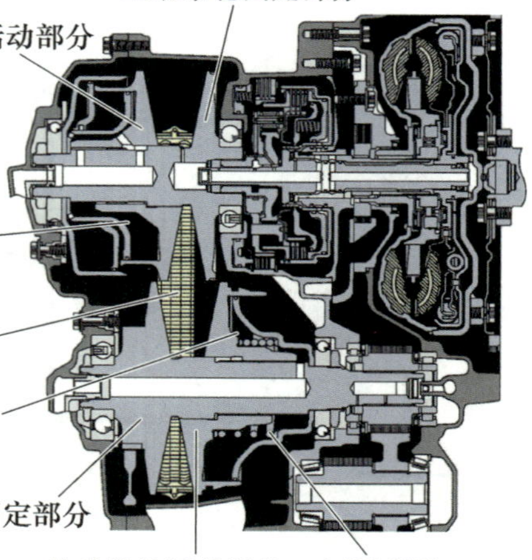

图 3-7　主、从动带轮的结构

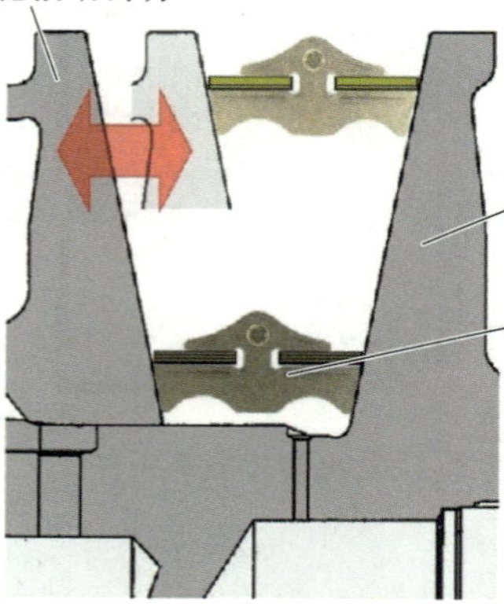

图 3-8　带轮活动部分位移

随堂笔记

若使主动带轮活动部分的后腔油压升高，从动带轮活动部分的后腔保持较低油压，主动带轮活动部分在油压的作用下将移向固定部分，主动带轮的直径将增大，这会使钢带张力增大，钢带的张力作用于从动带轮上，迫使从动带轮的活动部分将部分液压油挤出液压油腔并远离固定部分，从动带轮的直径将减小，从而使带轮传动的传动比减小，如图 3-9a 所示。由于主、从动带轮的直径可以连续变化，因此，带轮传动的传动比可以实现连续变化，即可实现无级变速。

同理，若使从动带轮活动部分的后腔油压升高，主动带轮活动部分的后腔保持较低油压，从动带轮活动部分在油压的作用下移向固定部分，从动带轮的直径增大，主动带轮的直径减小，从而使带轮传动的传动比增大，如图 3-9b 所示。

带轮活动部分的后方除了有液压油腔外，还装有弹簧，弹簧力与液压油压力一起作用于带轮活动部分，使其压向带轮固定部分。弹簧的作用是在液压油压力较低时，使带轮对钢带保持足够的侧向压力，以防止钢带打滑而影响动力传递，并避免钢带和带轮的不正常磨损。

（2）钢带　钢带的作用是将主动带轮的动力传递给从动带轮。钢带主要由两组钢质环形带和楔形金属块组成，每组环形带各有 12 层，并由大约 400 个楔形金属块将两组环形带组装在一起，如图 3-10 所示。楔形金属块因承受主、从动带轮的运动载荷而被压缩在一起。由于受到压缩，这种钢带结构将产生挤压作用，因而增加了钢带与带轮表面之间的摩擦力，减少了 V 形钢带与带轮之间的打滑。

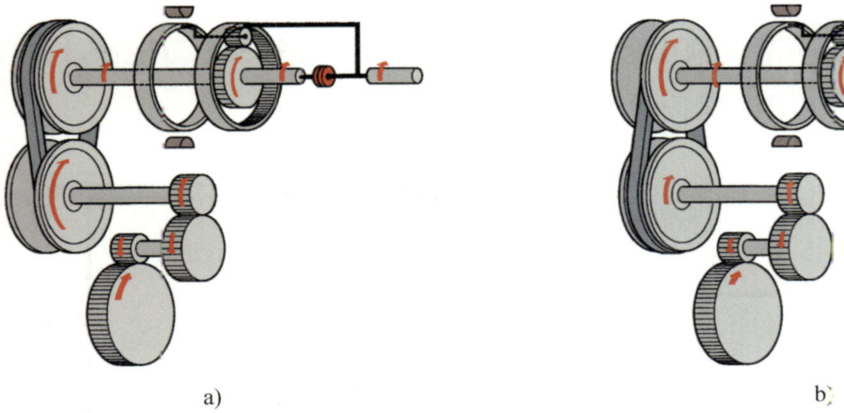

图 3-9　钢带传动变速原理图

a）带轮传动的传动比减小　b）带轮传动的传动比增大

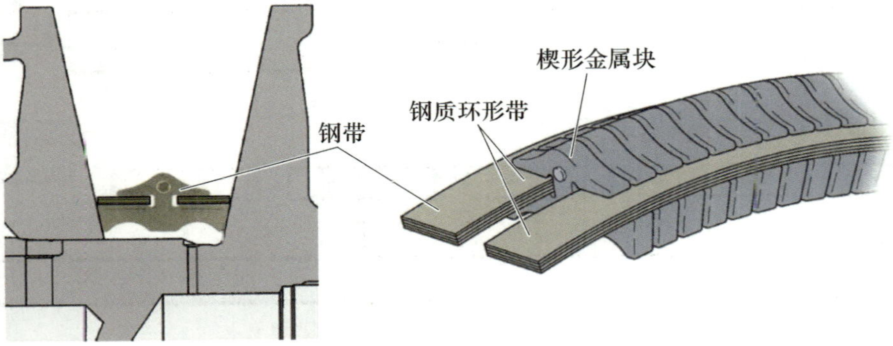

图 3-10　钢带的结构

5. 液压控制系统

无级变速器的液压控制系统与自动变速器的液压控制系统一样，有系统油压的控制、油路的转换控制、用油元件的供油以及冷却控制等功能。

（1）液压泵　液压泵的功用是产生一定压力和流量的 ATF，供给液力变矩器、液压控制系统和换档执行元件。

丰田车系无级变速器安装的是转子式液压泵，如图 3-11 所示。其结构与工作原理与液力式自动变速器液压泵基本相同。

（2）液压控制单元　液压控制单元由手动阀、多个液压阀和五个电磁阀等组成，如图 3-12 所示。手

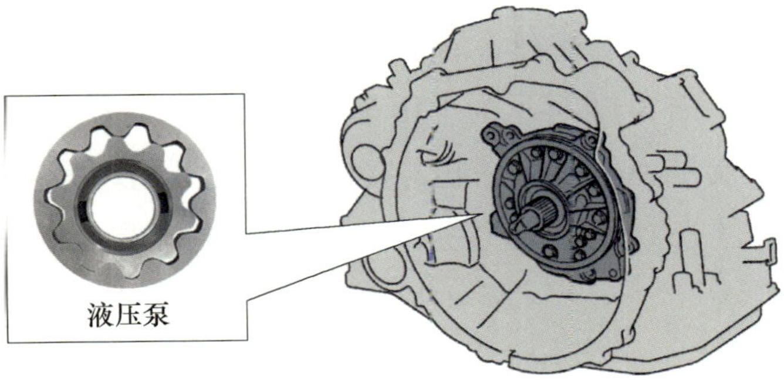

图 3-11　转子式液压泵

随堂笔记

动阀由变速杆通过拉索连接，手动阀可以直接控制前进档离合器和倒档制动器。当变速杆位于 D 位时，手动阀控制油压进入前进档离合器，使其接合；当变速杆位于 R 位时，手动阀控制油压进入倒档制动器，使其对行星齿轮机构的行星架制动。电磁阀 SLU、SL、SC 可以完成液力变矩器内锁止离合器的控制。电磁阀 SLS 可以通过控制从动带轮活动部分后腔油压来控制钢带夹紧力。电磁阀 SLP 可以通过控制主动带轮活动部分后腔油压来控制传动比，从而控制车速。

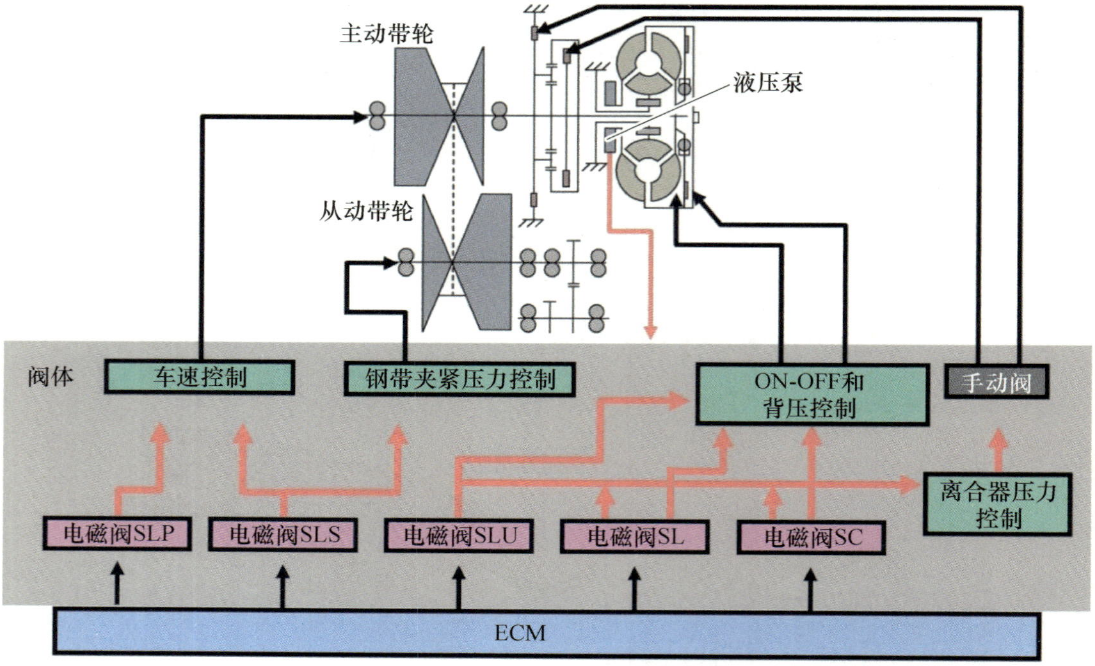

图 3-12　液压控制单元框架图

随堂笔记

6. 电控系统

电控系统由传感器（包含开关）、电控单元（ECM）和执行器（电磁阀）三部分组成。

无级变速器的传感器主要有输入轴转速传感器、主动带轮转速传感器、从动带轮转速传感器、油压传感器和油温传感器。图 3-13 所示为各转速传感器和油压传感器的安装位置图。转速传感器采用的都是霍尔传感器，用于检测各轮的转速，利于 ECU 的精确控制。油压传感器用于检测钢带的夹紧压力，以防止钢带打滑。

图 3-14 所示为丰田车系无级变速器控制系统图，无级变速器电控单元与发动机控制单元集成在一起，接收各传感器的信号后进行综合分析与计算，通过控制执行器（五个电磁阀）完成对车速的控制和其他控制。

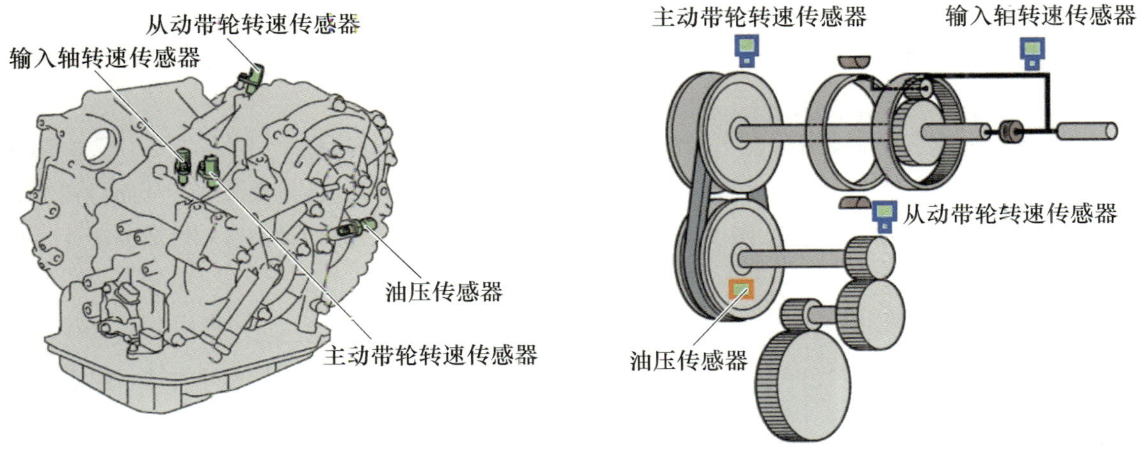

a)　　b)

图 3-13　各转速传感器和油压传感器的安装位置图

a）传感器在无级变速器壳体安装位置　b）传感器安装位置示意图

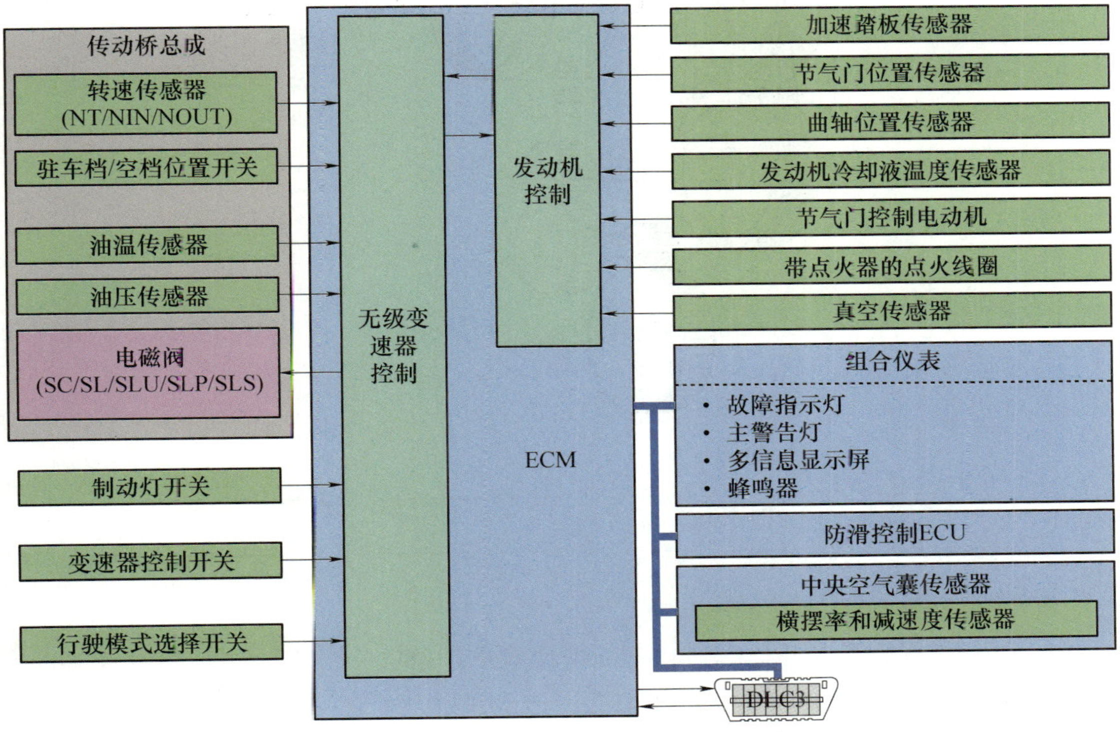

图 3-14　丰田车系无级变速器控制系统图

随堂笔记

无级变速器的检查与维护	学习任务单	班级：
		姓名：

1. 无级变速器是传动比可以在一定范围内连续变化的变速器，简称______。它采用传动带和工作直径可变的主、从动轮相配合来传递动力，可以实现传动比的连续改变，从而得到传动系统与发动机工况的最佳匹配，最大限度地利用发动机的特性，提高汽车的动力性和燃油经济性。它的变速部分由主动带轮、______和从动带轮组成。

2. 无级变速器主要由液力变矩器、______机构、______机构、减速器、差速器、液压控制系统和电控系统等组成。其中，液压控制系统和电控系统一般集成在一体，位于变速器内部。

3. 写出下图中零部件的名称。

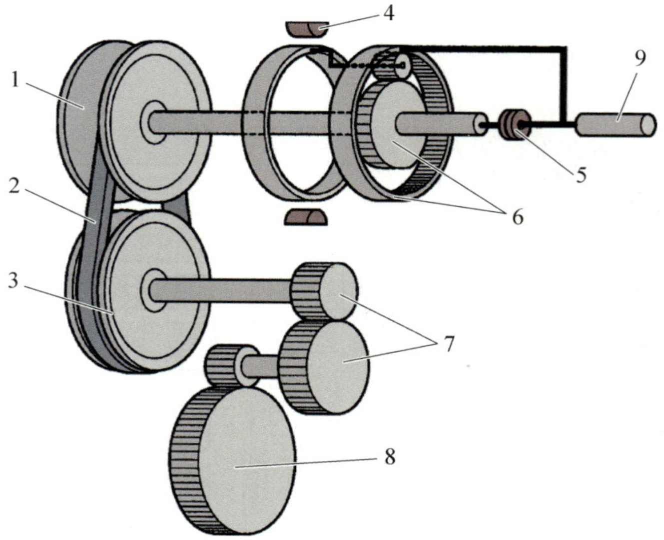

随堂笔记

1. ______ 2. ______ 3. ______ 4. ______

5. ______ 6. ______ 7. ______ 8. ______

9. ______

4. 主、从动带轮都是由固定部分和活动部分两部分组成的，______在这两部分之间。主、从动带轮活动部分后方有液压油腔，当具有一定压力的液压油充入液压油腔时，液压油的压力作用于带轮的活动部分，使其力图移向带轮固定部分。带轮的活动部分越靠近固定部分，带轮的直径越______；带轮的活动部分越远离固定部分，带轮的直径越______。

5. ______的作用是将主动带轮的动力传递给从动带轮。它主要由两组钢质环形带和楔形金属块组成。

6. ______的功用是产生一定压力和流量的ATF，供给液力变矩器、液压控制系统和换档执行元件。

任务实施

实训器材

丰田卡罗拉轿车或实训台架、自动变速器油液加注机、废油回收装置、故障诊断仪、常用工具和维修手册等。

作业准备

1）将车辆在工位停放周正。

2）铺好车内和车外护套。

操作步骤

一、故障码与数据流的读取

无级变速系统一般具有自诊断功能，当自检发现故障后会以故障码的形式储存在 ECU 的存储器中，提示无级变速控制系统有故障。因此，可以通过故障诊断仪读取无级变速系统的故障码、数据流和对执行元件进行工作测试，具体步骤如下：

1）将点火开关置于 OFF 位置，然后将故障诊断仪连接到故障诊断座。

2）将点火开关置于 ON（IG）位置，按下诊断仪电源键。

3）选择要检测的车型，进入变速器系统或动力与驱动系统。

4）选择读取故障码，记录故障码。

5）清除故障码，重新读取故障码。

6）根据故障码，读取故障码所指元件的数据流，与维修手册标准数据流进行对比。

7）根据故障码和异常数据流信息查找维修手册，根据维修手册流程查找故障原因。

> **情智知识**
>
> **滴水之恩，当涌泉相报**
>
> 俗话说："滴水之恩，当涌泉相报。"知恩图报是我们中华民族的传统美德。做人要懂得在享受成果的同时，不要忘了创造成果的人，要懂得饮水思源，知道感恩。我们要懂得"感恩知福，不可忘本"的道理。

随堂笔记

二、无级变速器泄漏的检查

1）牢靠地举升车辆到较高位置。

2）检查变速器放油螺塞是否漏油。

3）检查变速器壳体的连接处是否漏油。

4）检查变速器左、右驱动轴油封是否漏油。

5）检查变速器前油封（与发动机连接处）是否漏油。

6）检查变速器散热油管与连接处是否漏油。

三、无级变速器油的更换

1）让车辆行驶一段距离，使自动变速器达到正常工作温度（油温为 70~80℃）后，将车辆停放在维修工位上并熄火。

2）牢靠地举升车辆到较高位置。

3）准备好废油收集装置并放置到无级变速器的下方。

4）选用合适的工具拆下无级变速器放油螺塞。

5）清洗放油螺塞（一般放油螺塞上有磁铁）上的铁屑。

6）待油液完全流完后，安装放油螺塞，按规定力矩拧紧。

随堂笔记

7）操作举升机下降到低位。

8）查询维修手册，查找 ATF 的规定型号和加注量。

9）用合适的工具拆下位于变速器左侧的油液加注螺塞。

10）用油液加注机向无级变速器内加注适量的 ATF。

11）让汽车行驶至发动机和无级变速器达到正常工作温度。

12）再次举升车辆到较高位置，检查放油螺塞和加注螺塞是否安装到位，是否有油液渗出。

无级变速器的检查与维护	工作任务单	班级： 姓名：

一、车辆信息记录

品牌		整车型号		生产年月	
发动机型号		发动机排量		行驶里程	
车辆识别代号					

二、故障码及数据流的读取

故障码				
清除故障码后读码				
参数名称	不起动数值	怠速数值	高转速数值	判定
				正常□　异常□
				正常□　异常□
				正常□　异常□
				正常□　异常□

三、漏油的检查

项目名称	记录	项目名称	记录
放油螺塞	漏油□　否□	变速器前油封	漏油□　否□
变速器壳体	漏油□　否□	散热油管	漏油□　否□
驱动轴油封	漏油□　否□	油底壳	漏油□　否□

四、无级变速器油的更换

作业项目	记录	作业项目	记录
无级变速器油型号		加注量	

五、查阅维修手册

序号	部件名称	章节及页码	规格（米制）
1		第　章　页	
2		第　章　页	
3		第　章　页	

随堂笔记

无级变速器的检查与维护		实习日期：	
姓名：	班级：	学号：	教师签名：
自评：□熟练　□不熟练	互评：□熟练　□不熟练	师评：□合格　□不合格	
日期：	日期：	日期：	

无级变速器的检查与维护【评分细则】

序号	评分项	得分条件	分值	评分要求	自评	互评	师评
1	安全 / 7S/ 态度	□ 1. 能进行工位 7S 操作 □ 2. 能进行设备和工具安全检查 □ 3. 能进行车辆安全防护操作 □ 4. 能进行工具清洁、校准、存放操作 □ 5. 能进行三不落地操作	15 分	未完成 1 项 扣 3 分	□熟练 □不熟练	□熟练 □不熟练	□合格 □不合格
2	专业技能能力	作业 1 □ 1. 能正确地连接故障诊断仪 □ 2. 能正确地检查无级变速器故障灯 □ 3. 能正确地读取无级变速器故障码 □ 4. 能正确地清除无级变速器故障码 □ 5. 能正确地读取无级变速器数据流 □ 6. 能正确地读取不起动时数据流 □ 7. 能正确地读取怠速时数据流 □ 8. 能正确地读取高速时数据流 作业 2 □ 1. 能正确地检查无级变速器液位 □ 2. 能正确地检查无级变速器油质 □ 3. 能正确地检查放油螺塞是否漏油 □ 4. 能正确地检查壳体是否漏油 □ 5. 能正确地检查驱动轴油封是否漏油 □ 6. 能正确地检查前油封是否漏油 □ 7. 能正确地检查散热油管是否漏油 □ 8. 能正确地检查油底壳是否漏油 作业 3 □ 1. 能正确地排放无级变速器油 □ 2. 能正确地安装、紧固放油螺塞 □ 3. 能正确地加注无级变速器油	50 分	未完成 1 项 扣 3 分，扣分不得超过 50 分	□熟练 □不熟练	□熟练 □不熟练	□合格 □不合格
3	工具及设备的使用能力	□ 1. 能正确地使用维修工具 □ 2. 能正确地使用故障诊断仪 □ 3. 能正确地使用油液加注机	10 分	未完成 1 项 扣 3 分	□熟练 □不熟练	□熟练 □不熟练	□合格 □不合格
4	资料、信息查询能力	□ 1. 能正确地使用维修手册查询资料 □ 2. 能正确地记录查询资料的章节及页码 □ 3. 能正确地记录所需维修信息	10 分	未完成 1 项 扣 3 分	□熟练 □不熟练	□熟练 □不熟练	□合格 □不合格
5	数据判断和分析能力	□ 1. 能判断故障码是否正常 □ 2. 能判断数据流是否正常 □ 3. 能判断无级变速器油加注量	10 分	未完成 1 项 扣 3 分，扣分不得超过 10 分	□熟练 □不熟练	□熟练 □不熟练	□合格 □不合格
6	表单填写和报告撰写能力	□ 1. 字迹清晰 □ 2. 语句通顺 □ 3. 无错别字 □ 4. 无涂改 □ 5. 无抄袭	5 分	未完成 1 项 扣 1 分	□熟练 □不熟练	□熟练 □不熟练	□合格 □不合格
总分：							

随堂笔记

项目四 / Project 4

双离合器变速系统的检查与维护

任务

双离合器自动变速器的检查与维护

学习目标

知识目标

1）能够叙述双离合器自动变速器的基本工作原理、类型与优缺点。

2）能够掌握双离合器自动变速器的组成并认知各零部件。

技能目标

1）具有正确、规范地检查双离合器自动变速器油的能力。

2）具有正确地使用故障诊断仪读取双离合器变速系统故障码与数据流的能力。

3）具有更换双离合器自动变速器油的能力。

素养目标

随堂笔记

1）培养团队精神和集体主义精神。

2）加强环境保护和工作安全的意识。

3）树立为客户服务的观念。

任务描述

一位大众高尔夫轿车车主反映：双离合器自动变速器油已经达到更换周期。请你对变速器进行维护作业。

相关知识

手动变速器的优点是传动效率高，动力性、经济性好，缺点是换档时的劳动强度大；自动变速器的优点是舒适性好，换档平稳，无动力中断，缺点是传动效率低，经济性差。目前，在较多新款车型上采用的双离合器自动变速器有效地解决了上述问题。

双离合器自动变速器（DCT）也称为直接换档变速器（DSG）。双离合器自动变速器是在手动变速器的基础上发展而来的，它综合了手动变速器与自动变速器的优点。

一、基本工作原理

双离合器自动变速器由字面意思可知含有两套离合器系统，其基本工作原理图如图 4-1 所示。它通过将变速器档位按奇、偶数分开布置，形成两个彼此独立的传动机构。每个传动机构的结构都与一个手动变速器相同，每个传动机构都配有一个离合器，变速器 1 通过离合器 K1 来选择一、三、五档和倒档，变速器 2 通过离合器 K2 来选择二、四、六档，因此，只需通过切换两个离合器的工作状态就可以完成换档操作。

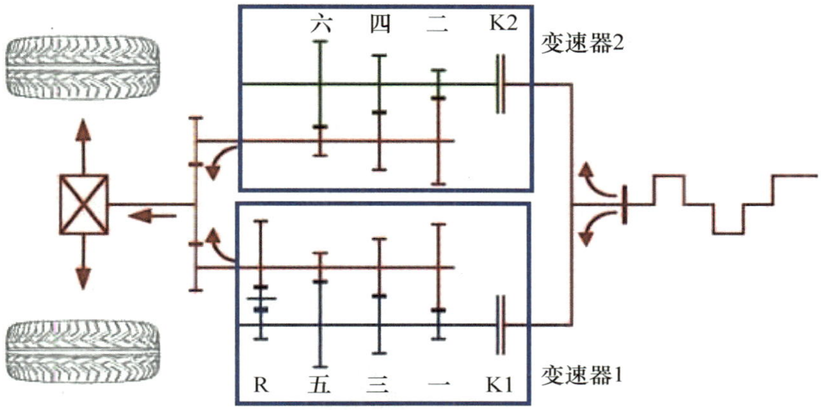

图 4-1　双离合器自动变速器的基本工作原理图

二、双离合器自动变速器的类型

离合器根据工作环境的不同，可分为干式双离合器和湿式双离合器，如图 4-2 所示。干式双离合器与传统离合器类似，依靠空气进行冷却。湿式离合器工作在油液中，依靠油压完成动作，且依靠油液进行冷却。

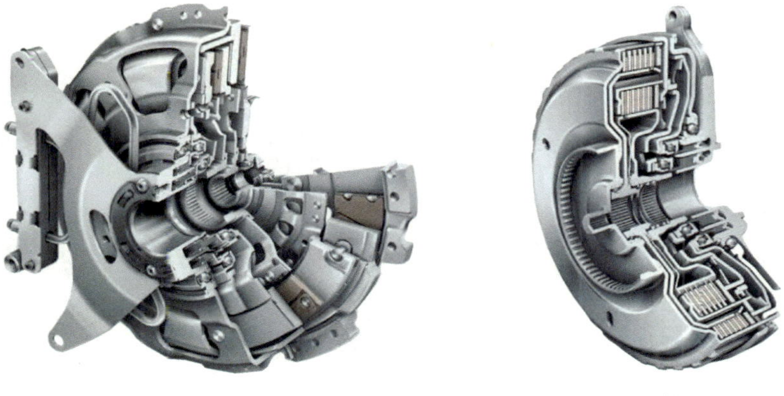
a)　　b)

图 4-2　离合器的类型

a）干式双离合器　b）湿式双离合器

随堂笔记

三、双离合器自动变速器的优点与缺点

1. 优点

1）传动效率高，油耗低。

2）换档时没有动力中断，换档平稳。

3）结构简单、制造成本低。

4）具有良好的驾驶舒适性、动力性和操控性。

2. 缺点

1）散热性能差。

2）离合器摩擦片容易磨损。

四、双离合器自动变速器的构造与工作原理

双离合器自动变速器的内部结构如图 4-3 所示。它主要由机械传动机构、电控系统、液压控制系统等几部分组成。

随堂笔记

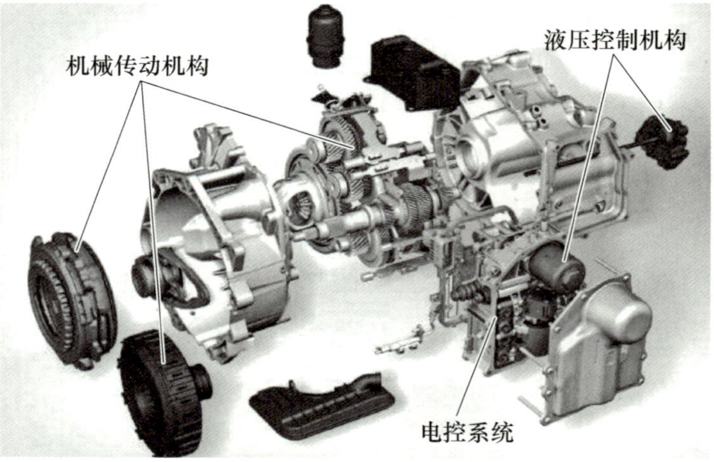

图 4-3　双离合器自动变速器的内部结构

1. 机械传动机构

机械传动机构的组成如图 4-4 所示，其主要由多片离合器、输入轴及齿轮、输出轴及齿轮等组成。

（1）湿式多片离合器　湿式多片离合器的内部结构如图 4-5 所示。离合器的输入花键与飞轮的内花键相连，两个离合器的外片支架与离合器的花键毂相连，内片支架与输入轴 1 和输入轴 2 相连，当离合器接合时，便可将发动机的动力传递给变速器输入轴。

1）离合器 K1 的工作过程。如图 4-6a 所示，K1 是外离合器，离合器外片支架与

离合器外花键毂连接，内片支架与输入轴 1 连接，用于连接发动机与输入轴 1，可将转矩传递到与输入轴 1 相连的一、三、五档齿轮。当液压油进入离合器的压力腔时，离合器的活塞 K1 沿轴向移动，使离合器片组压在一起，发动机转矩便可传给输入轴 1 并且带动一、三、五档和倒档齿轮。当压力腔没有液压油时，由膜片弹簧将活塞推回到离合器分离位置，使离合器分离。

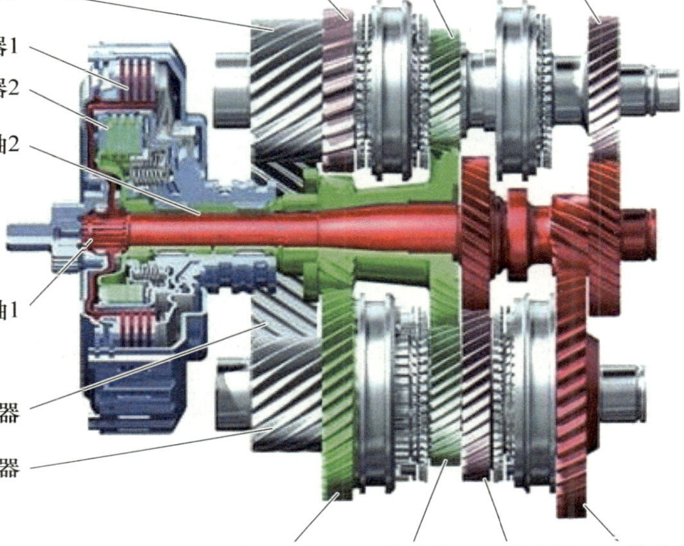

图 4-4　机械传动机构的组成

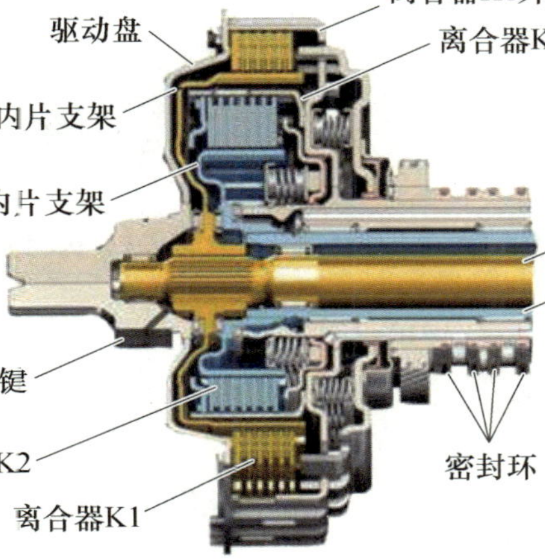

图 4-5　湿式多片离合器的内部结构

2）离合器 K2 的工作过程。如图 4-6b 所示，K2 是内离合器，离合器外片支架与离合器 K1 外片支架相连，离合器内片支架与输入轴 2 连接，用于连接发动机与输入轴 2，可将转矩传递到与输入轴 2 相连的二、四、六档齿轮。当液压油进入离合器的工作缸时，离合器的活塞 K2 沿轴向移动，使离合器片组压在一起，发动机转矩

随堂笔记

便可传给输入轴 2 并且带动二、四、六档齿轮。当压力腔没有液压油时，由螺旋回位弹簧将活塞推回到离合器分离位置，使离合器分离。

（2）输入轴及齿轮　输入轴可以分解成输入轴 1 和输入轴 2，如图 4-7 所示。

输入轴 1 与离合器 K1 的内片支架花键相连，在输入轴 1 上有一档斜齿轮、三档斜齿轮、五档斜齿轮、七档斜齿轮和轴承等。

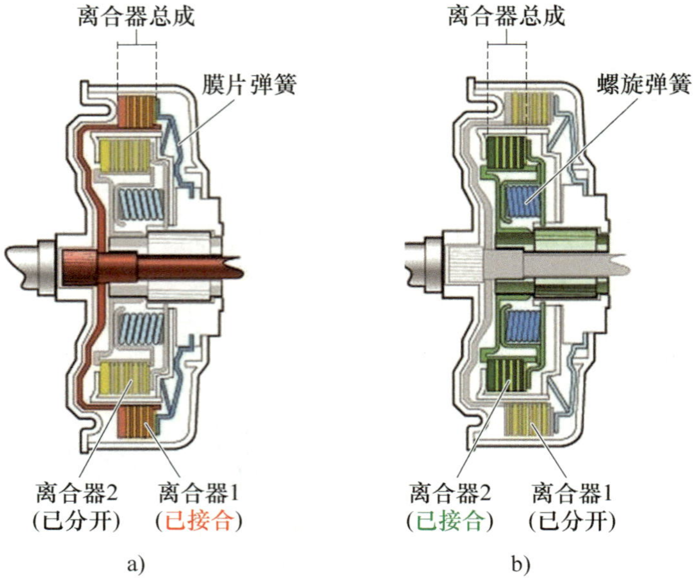

图 4-6　双离合器的工作过程

a）离合器 K1 的工作过程　b）离合器 K2 的工作过程

输入轴 2 与离合器 K2 的内片支架花键相连，在输入轴 2 上还有二档和倒档共用的斜齿轮、四档和六档共用的斜齿轮、轴承等。

随堂笔记

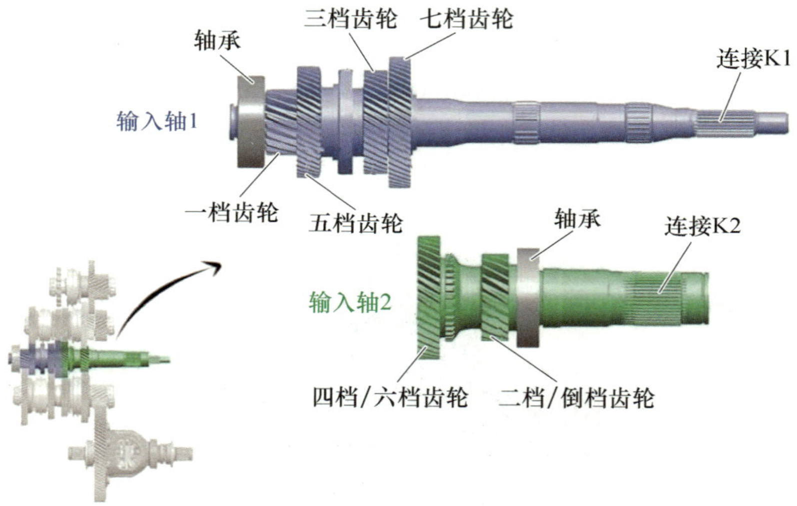

图 4-7　输入轴的位置及结构

（3）输出轴及齿轮

1）输出轴 1 及齿轮。如图 4-8 所示，输出轴 1 上有一、二、三、四档齿轮和一档 / 三档、二档 / 四档同步器组件，还有与差速器相连的输出齿轮。

2）输出轴 2 及齿轮。如图 4-9 所示，输出轴 2 上有五档齿轮、六档齿轮、七档齿轮、倒档齿轮 1、倒档齿轮 2、五档 / 七档同步器、六档同步器组件，还有与差速器相连的输出齿轮。

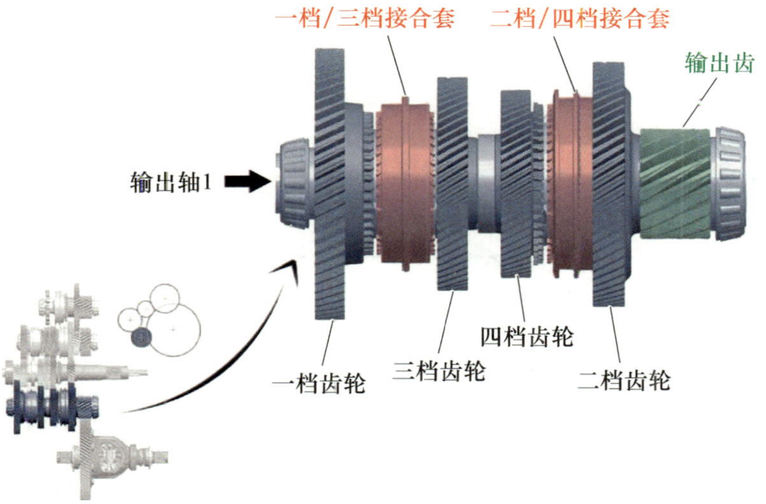

图 4-8 输出轴 1 的位置及结构

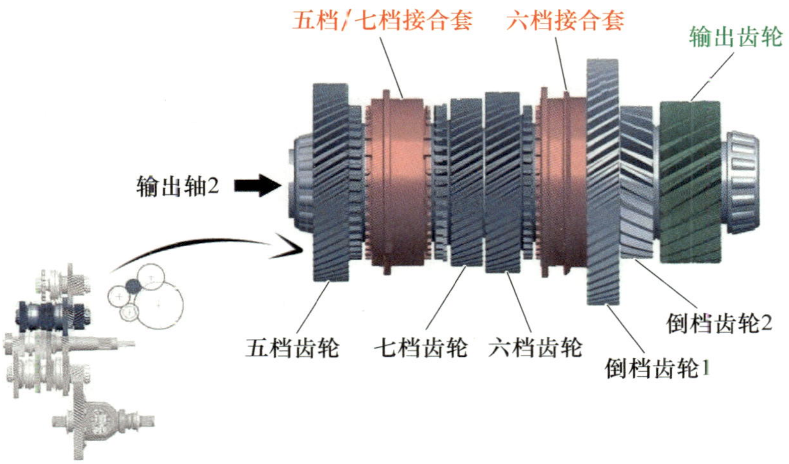

图 4-9 输出轴 2 的位置及结构

（4）倒档轴及齿轮　倒档轴的位置及结构如图 4-10 所示，倒档轴上有倒档齿轮、停车（P 位）锁止齿轮和倒档同步器组件，还有与差速器相连的输出齿轮等。

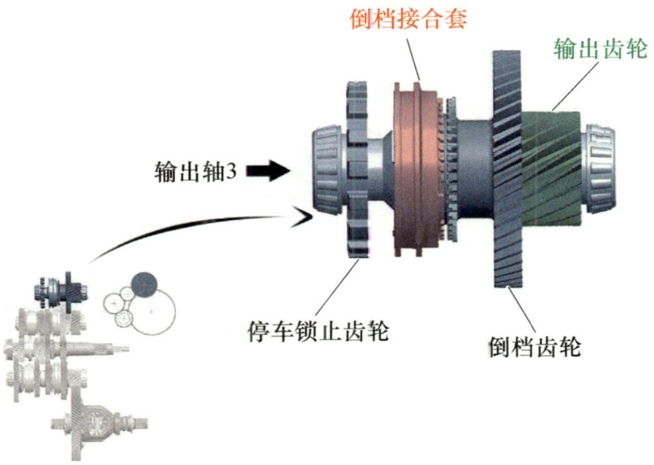

图 4-10 倒档轴的位置及结构

2. 电控系统

电控系统的组成如图 4-11 所示，其主要由输入装置（传感器和开关信号）、电控单元和执行元件等组成。

（1）输入装置　输入装置主要包括各种传感器和开关信号。

随堂笔记

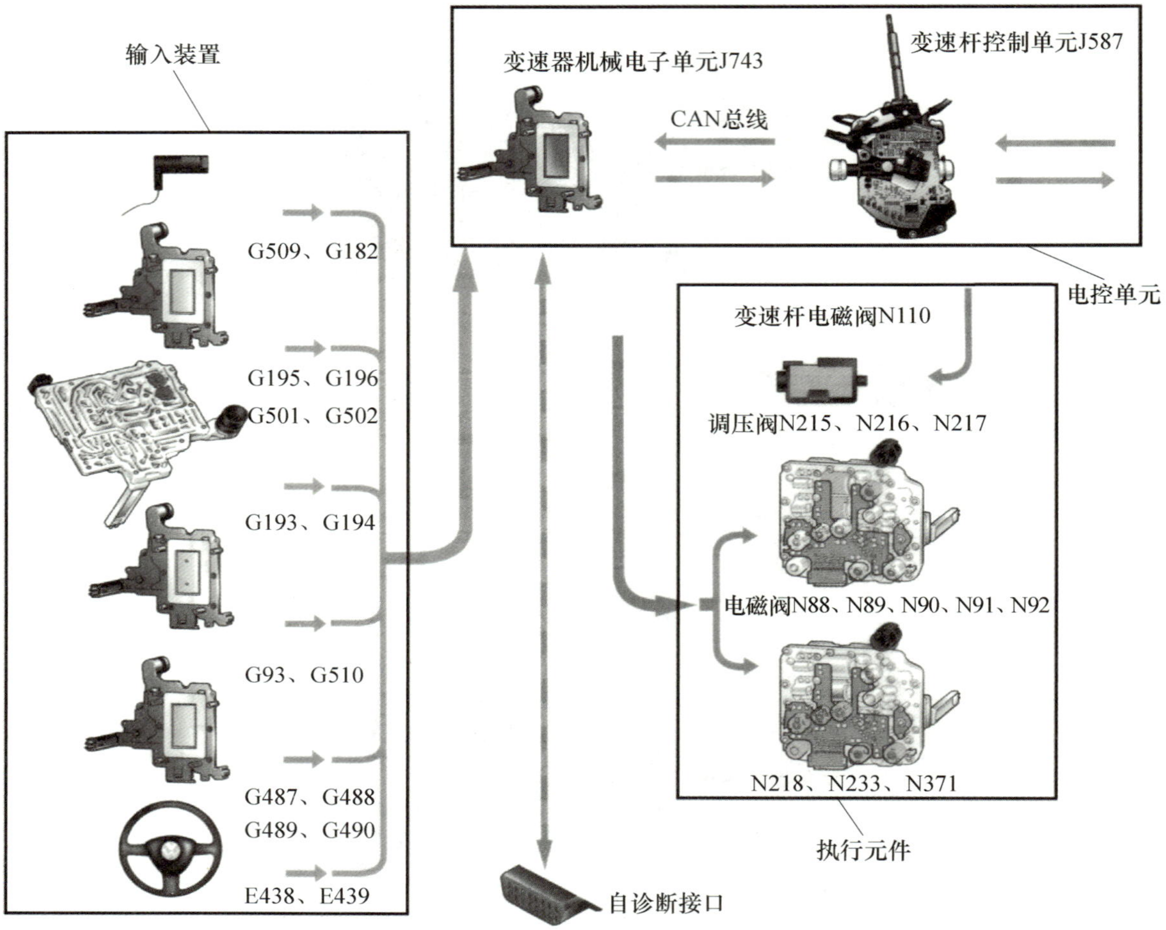

图 4-11　电控系统的组成

随堂笔记

1）变速器输入转速传感器 G182。该传感器用于计算变速器输入轴转速信号。电控单元根据此信号和变速器输入轴 1 和输入轴 2 转速传感器 G501 和 G502 的信号计算出多片离合器 K1 和 K2 的滑转率，再借助离合器滑转率数据更精确地控制离合器的分离和接合。

2）输入轴 1 转速传感器 G501 和输入轴 2 转速传感器 G502。两个传感器分别用于计算输入轴 1 和输入轴 2 的转速信号。电控单元可通过此信号确定多片离合器 K1 和 K2 的输出转速，并根据变速器输入转速信号计算出离合器 K1 和 K2 的滑转率。电控单元可根据滑转率识别离合器的接合和分离的状况，可对其实现精确控制。另外，电控单元可根据此信号和变速器输出转速信号判定是否已挂入正确档位。

如果该信号中断，变速器的相应部分被切断。其中，若 G501 损坏，汽车只能以二档行驶；若 G502 损坏，汽车只能以一档和三档行驶。

3）变速器输出轴传感器 G195 和 G196。两个传感器都安装在机械电子装置上，与电控单元始终连接在一起，用来检测输出轴的转速。根据此信号。电控单元可以识别车速和行驶方向。两个传感器以错开方式安装在一个壳体内，由一个信号转子驱动，如果改变行驶方向，信号以相反顺序到达电控单元。

如果该信号中断，电控单元将利用来自 ABS 电控单元的车速信号和转速信号作为替代信号。

4）液压压力传感器 G193 和 G194。两个传感器分别用于检测多片离合器 K1 和 K2 的液压压力。电控单元可通过此信号得知离合器 K1 和 K2 处的液压压力，以实现对离合器 K1 和 K2 压力的精确调节。

如果中断信号或无压力时，相关变速器部分将从整个系统中脱开，车辆只能以一档和三档或者二档行驶。

5）多片离合器油温度传感器 G509。该传感器安装在变速器输入转速传感器 G182 的壳体里，用于快速精确地检测离合器出口处 ATF 的温度，其工作温度范围为 −55~180℃。电控单元通过此信号调节离合器冷却油的流量并采取其他措施来保护变速器。

如果该信号中断，电控单元将利用 G93 和 G510 的信号作为替代信号。

6）ATF 温度传感器 G93 和控制单元温度传感器 G510。两个传感器的信号用于检测机械电子控制单元的温度。此外，这些传感器信号还用于启动暖机程序。两个传感器彼此检查是否存在故障，两个传感器直接测量处于危险状态的组件的温度，这样可以及时采取措施降低油温，以避免机械电子控制单元过热。

随堂笔记

当温度超过 138℃时，机械电子控制单元将采取措施减小发动机的转矩输出；当温度超过 145℃时，将不再向离合器供油，离合器保持分离状态。

7）换档执行机构行程传感器 G487、G488、G489 和 G490。4 个传感器用于检测换档执行机构所处的档位，电控单元根据准确的位置将液压油输送给换档执行机构，以进行换档。如果某一行程传感器无法发送信号，受影响的变速器部分将从整个系统中脱开，在受影响的变速器部分中无法挂入相应档位。

G487 用于一档、三档，G488 用于二档、四档，G489 用于六档、倒档，G490 用于五档、空档。

（2）电控单元　电控单元与电动液压控制单元集成在一起，安装在变速器内部，并浸在变速器油中，是变速器控制的核心。所有的传感器信号和来自其他控制单元的信号都由电控单元接收并进行监控。电控单元具有以下功能：

1）能够根据需求情况调整液压系统的压力。

2）精确控制双离合器的压力和流量。

3）对离合器进行冷却控制。

4）根据传感器信号进行换档点选择。

5）和其他控制单元进行信息交换。

6）激活应急模式。

7）进行故障自诊断。

8）可根据发动机转矩、离合器控制压力、离合器温度等信号对离合器进行过载保护和安全切断。

9）电控单元会不断检测离合器控制和离合器输出转矩之间出现的轻微打滑，对离合器进行匹配控制。

（3）执行元件　电子控制装置里的执行元件主要是各种电磁阀，执行元件里的电磁阀可分为占空比电磁阀和开关型电磁阀两类。

1）调压阀 N217（主压力阀）。该阀位于机械电子控制单元的电液控制单元内，是一个占空比电磁阀，其作用是用来调节机械电子液压系统内的压力。计算主压力时最重要的因素是离合器实际压力，该压力取决于发动机转矩。发动机温度和发动机转速用于校正主压力，控制单元不断调整主压力，以满足当前工作条件要求。

2）离合器调压阀 N215、N216。两个阀都是占空比电磁阀，用于产生控制多片离合器的压力。调压阀 N215 控制多片离合器 K1 的压力，调压阀 N216 控制多片离合器 K2 的压力。离合器压力计算的基础是当前发动机转矩，控制单元根据多片离合器摩擦力的变化调节离合器压力。

随堂笔记

3）冷却油流量调节阀 N218。该阀位于电液控制单元内，该阀是一个占空比电磁阀，它通过一个液压滑阀控制冷却油流量。控制单元使用多片离合器油温度传感器 G509 的信号来对其进行控制。

如果 N218 失效，冷却油将以最大流量到多片离合器，这可能造成环境温度较低时换档困难及耗油量明显升高。

4）换档电磁阀 N88、N89、N90 和 N91。这 4 个电磁阀都位于机械电子控制单元的电液控制单元内，它们是开关型电磁阀。电磁阀通过多路转换器滑阀控制至所有换档执行机构的油压，不通电时电磁阀处于闭合位置，液压油无法到达换档执行机构。其中，电磁阀 N88 控制一档和五档的换档油压，电磁阀 N89 控制三档和空档的换档油压，电磁阀 N90 控制二档和六档的换档油压，电磁阀 N91 控制四档和倒车档的换档油压。

5）多路转换控制阀 N92。该阀位于机械电控单元的电液控制单元内，该电磁阀也是开关型电磁阀，用于控制液压控制单元内的多路转换器。电磁阀接通时，可以选择二、四、六档，电磁阀断开时，可以选择一、三、五档和倒档。

6）调压阀 N233 和 N371。调压阀 N233 和 N371 位于机械电控单元的液压模块内，它们是占空比电磁阀，用来控制机械电子控制单元阀箱内的安全滑阀。当变速器部分出现与安全有关的故障时，安全滑阀使该部分内的液压压力与系统隔开。

3. 液压控制系统

液压控制系统以 ATF 为介质，其主要的功用是根据需求调整液压系统的压力，并对双离合器和换档调节器进行控制，对离合器进行冷却控制，为整个齿轮机构提供可靠的冷却和润滑。

液压控制系统的组成如图 4-12 所示，其主要由变速器油、供油装置、冷却装置、过滤装置、电液控制装置和油路组成。

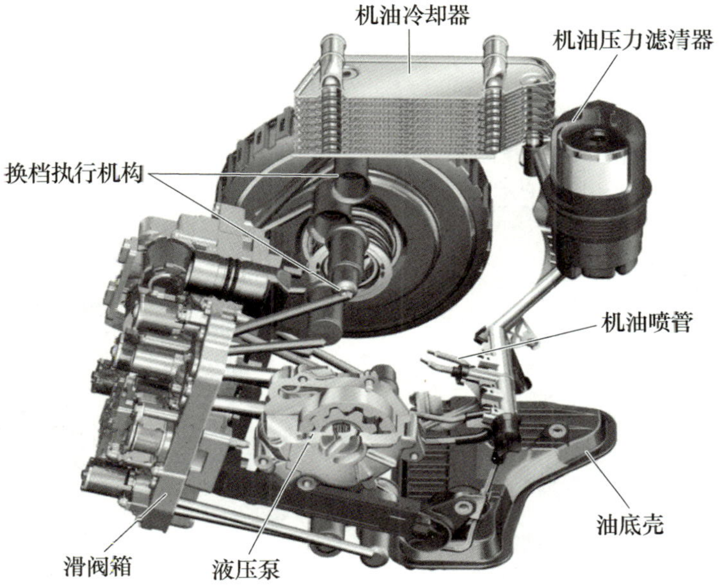

图 4-12　液压控制系统的组成

（1）变速器油　变速器油是变速器中的传力介质，用于驱动离合器和换档执行元件工作，并承担着润滑和冷却整个系统的重要作用。

（2）供油装置　液压泵是供油装置的主要部件，液压泵的作用是为整个系统提供液压油，一般采用的是月牙形内啮合齿轮泵，其结构和工作原理图如图 4–13 所示。液压泵由液压泵轴驱动，液压泵轴位于输入轴 1 的内部，由发动机飞轮驱动，以与发动机相同的转速运转。

（3）冷却装置　变速器油冷却装置安装在发动机冷却系统里，由发动机冷却液进行冷却，可将油温冷却到 135℃以下，以保证变速器正常工作。

（4）电液控制装置　电液控制装置的结构如图 4-14 所示，其上装有电磁阀、压力调节阀、各种液压滑阀、多路转换阀、卸压阀和印制电路板等，主要作用是通过压力调节阀和换档滑阀来控制两个离合器和档位调节器中 ATF 的流量和压力，以实现平稳换档。

（5）离合器工作控制　离合器工作控制包括离合器的接合 / 分离控制、离合器压力控制、离合器过载保护控制和离合器安全切断控制。离合器控制油路如图 4-15 所示。

随堂笔记

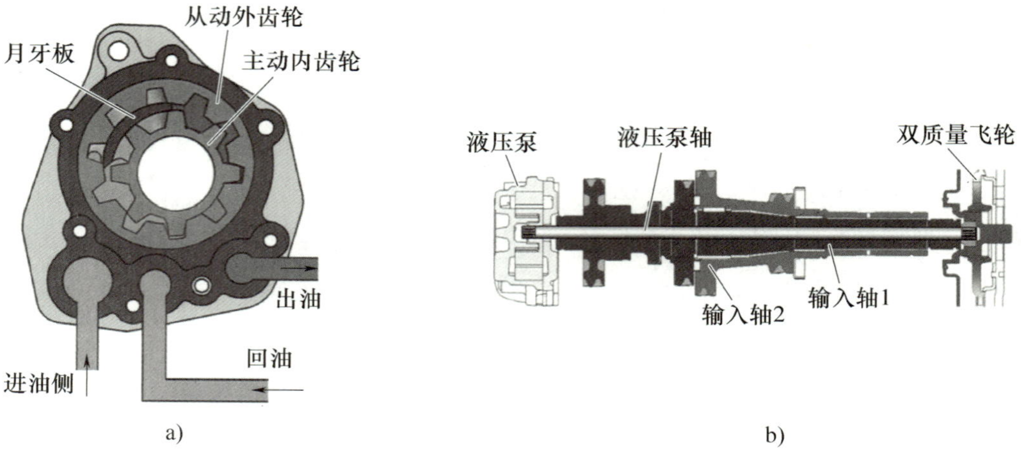

图 4-13　液压泵的结构与工作原理图

a）结构与工作原理　b）液压泵的驱动

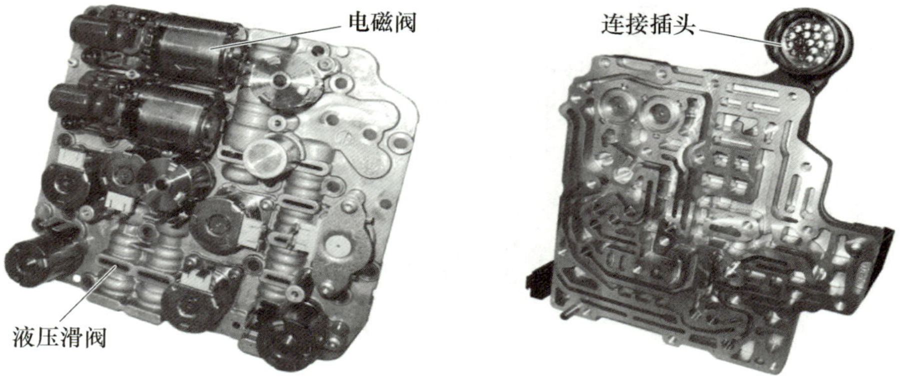

图 4-14　电液控制装置

随堂笔记

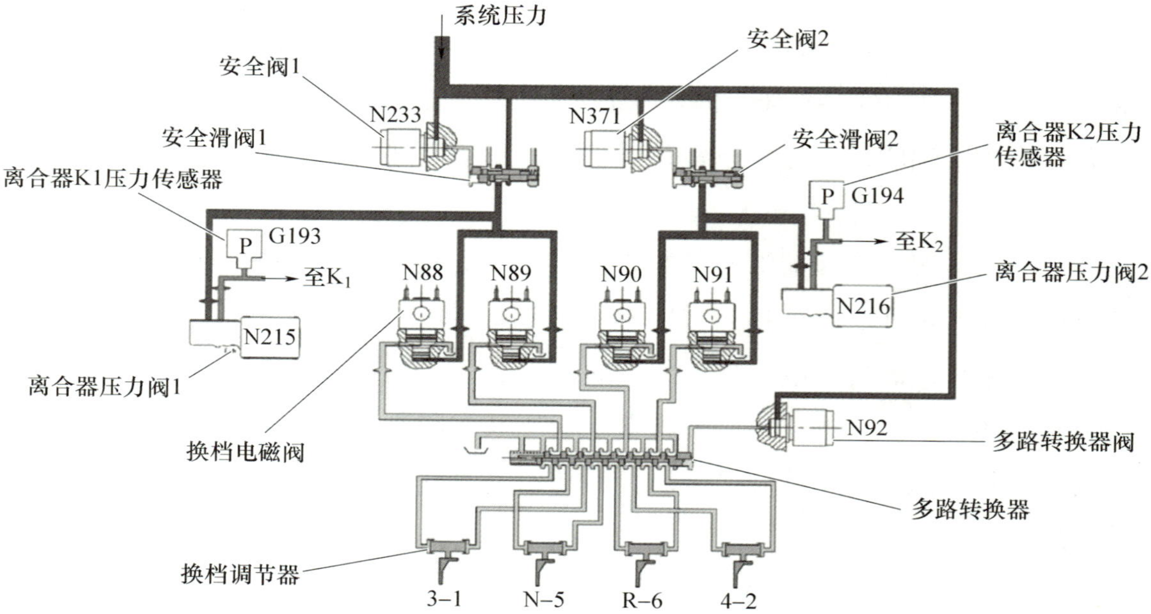

图 4-15　离合器控制油路

离合器的接合 / 分离控制和压力控制主要通过离合器压力调节阀进行控制，离合器压力调节阀可以调节通往离合器液压油的压力和流量，从而控制其接合 / 分离及接合程度。

离合器安全切断控制主要由安全滑阀和安全阀进行控制。当液压压力传感器和温度传感器检测到压力和温度高于规定值时，控制单元通过控制安全阀来控制安全滑阀，切断通往离合器的液压油通路，以保护变速器。

离合器过载保护控制是控制单元通过检测离合器的滑转率、传递的转矩和变速器的油温等信号，一旦发现离合器过载，控制单元便控制减小发动机的输出转矩，同时通过增加对离合器的冷却，以对离合器进行保护。

（6）换档机构控制　与手动变速器一样，双离合器自动变速器档位变换也是通过拨叉来实现的，一个拨叉控制两个档位，但与手动变速器的操作方式不同，拨叉的动作是通过液压方式驱动的，液压通过驱动换档调节器来驱动拨叉动作换入相应的档位。其结构如图 4-16 所示。换档时，控制单元将液压油引入换档调节器的一侧，而另一侧无压力，换档拨叉在压力的作用下移动到无压力侧，从而挂上相应的档位。一旦挂对档位，通过换档齿轮的倒角和换档拨叉的锁止机构将档位保持在该位置，每个拨叉上都有拨叉行程传感器，用于识别换档拨叉的准确位置。

随堂笔记

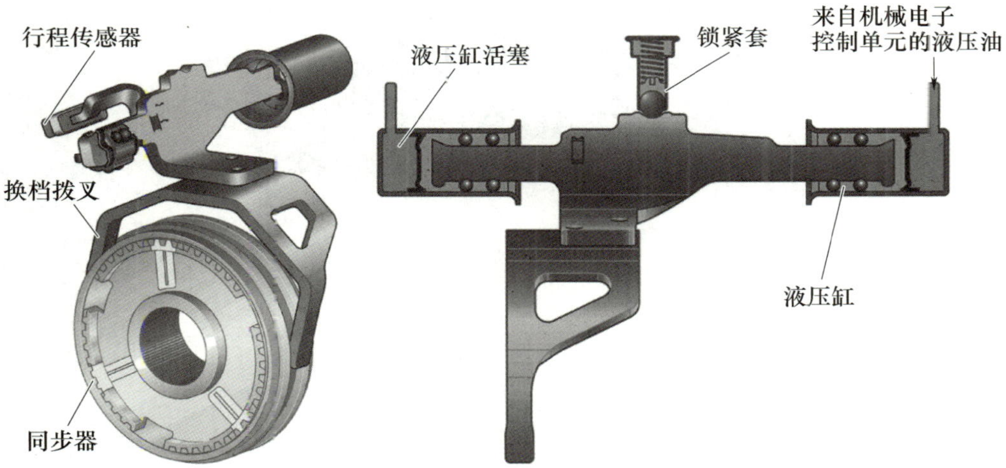

图 4-16　换档执行机构的结构

双离合器自动变速器的检查与维护	学习任务单	班级：
		姓名：

1. 双离合器自动变速器（____________），也称为直接换档变速器（____________）。双离合器自动变速器是在手动变速器的基础上发展而来的，它综合了手动变速器与自动变速器的优点。从字面意思可知它含有____________离合器系统。

2. 离合器根据工作环境的不同，可分为干式双离合器和____________双离合器。干式双离合器与传统离合器类似，依靠空气进行冷却。____________离合器工作在油液中，依靠油压完成动作，且依靠油液进行冷却。

3. 双离合器自动变速器主要由____________、电控系统、____________等几部分组成。

4. 写出下图中零部件的名称。

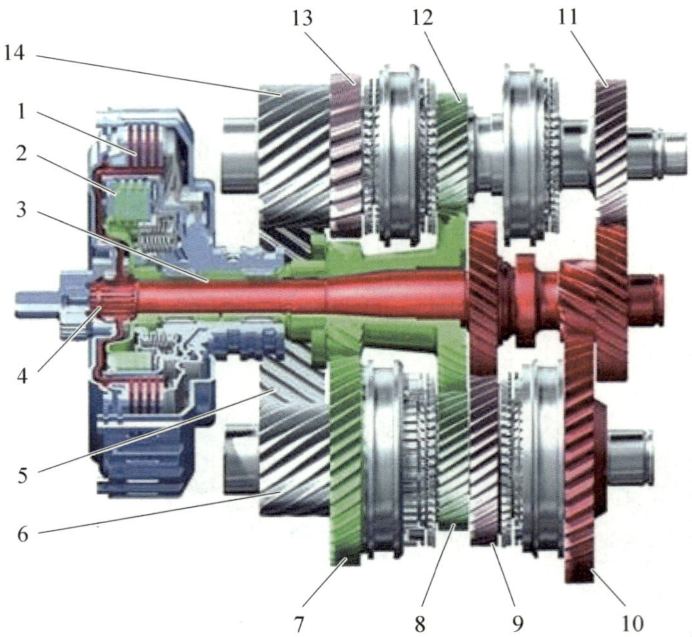

1. ______________ 2. ______________ 3. ______________ 4. ______________

5. ______________ 6. ______________ 7. ______________ 8. ______________

9. ______________ 10. ______________ 11. ______________ 12. ______________

13. ______________ 14. ______________

5. 双离合器自动变速器电控系统主要由输入装置（传感器和开关信号）、_________和_________元件等组成。其中，传感器主要有____________。

6. 液压控制系统以 ATF 为介质，主要的功用是根据需求调整液压系统压力，并对双离合器和换档调节器进行控制，对离合器进行冷却控制，为整个齿轮机构提供可靠的冷却和润滑。它主要由变速器油、____________装置、冷却装置、过滤装置、电液控制装置和油路等组成。

随堂笔记

任务实施

实训器材

大众高尔夫轿车或实训台架、ATF加注机、废油回收装置、故障诊断仪、常用工具和维修手册等。

作业准备

1）将车辆在工位停放周正。

2）铺好车内和车外护套。

操作步骤

一、故障码与数据流的读取

双离合器变速系统都具有自诊断功能，当自检发现故障后会将信息以故障码的形式储存在ECU的存储器中，提示双离合器变速系统有故障。因此，可以通过故障诊断仪读取双离合器变速系统的故障码、数据流和对执行元件进行工作测试，具体步骤如下：

1）将点火开关置于OFF位置，然后将故障诊断仪连接到故障诊断座。

2）将点火开关置于ON（IG）位置，按下诊断仪电源键。

3）选择要检测的车型，进入变速器系统或动力与驱动系统。

4）选择读取故障码，记录故障码。

5）清除故障码，重新读取故障码。

6）根据故障码读取故障码所指元件的数据流，与维修手册标准数据流进行对比。

7）根据故障码和异常数据流信息查找维修手册，根据维修手册流程查找故障原因。

> **情智知识**
>
> **不懂感恩的人只会懈怠学习、工作、生活**
>
> 工作是我们生命的舞台，世界上不会每一件事情都能顺应自己的心意，也不是每一份工作从一开始就会适合自己。如果我们抱着一种浑水摸鱼的工作态度，对工作不尽力、对人对事缺乏热情与主动、工作生活懈怠，那剩下的就只能是浑浑噩噩，甚至只知道获取，不知奉献。反之，我们摆正心态，选择正确的工作态度，我们才能改变事情的结果。不同的态度，成就不同的人生。有什么样的心态就会产生什么样的行为，而行为决定结果。摆正心态选择感恩的工作态度，工作事业才会蒸蒸日上。当你心怀感恩，忠心地为公司工作时，公司也一定会为你设计更辉煌的前景，提供更好的发展机会。

二、双离合器变速器泄漏的检查

1）牢靠地举升车辆到较高位置。

2）检查变速器放油螺塞是否漏油。

3）检查变速器壳体的连接处是否漏油。

4）检查变速器左、右驱动轴油封是否漏油。

5）检查变速器前油封（与发动机连接处）是否漏油。

6）检查变速器散热器与滤清器是否漏油。

三、双离合器变速器滤清器与油液的更换

1）使用合适的工具旋松滤清器壳体，等待约 10s，使滤清器壳体中的油液流回变速器内，然后取下滤清器壳体。

2）重新更换新的滤芯，按规定转矩拧紧滤清器壳体。

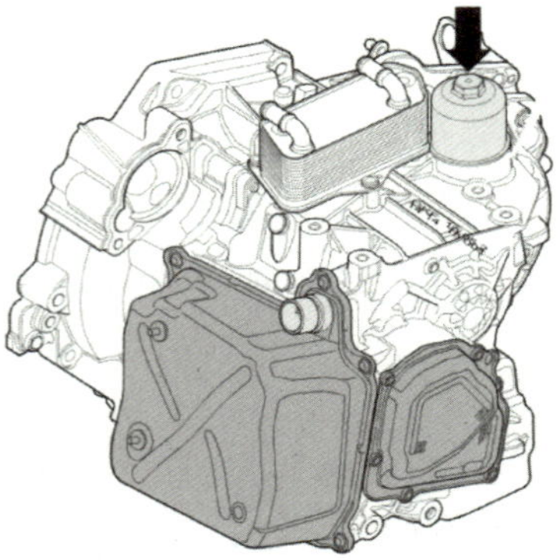

3）牢靠地举升车辆到较高位置。

4）准备好废油收集装置并放置到双离合器变速器的下方。

5）使用合适的工具拆下无级变速器的放油螺塞。

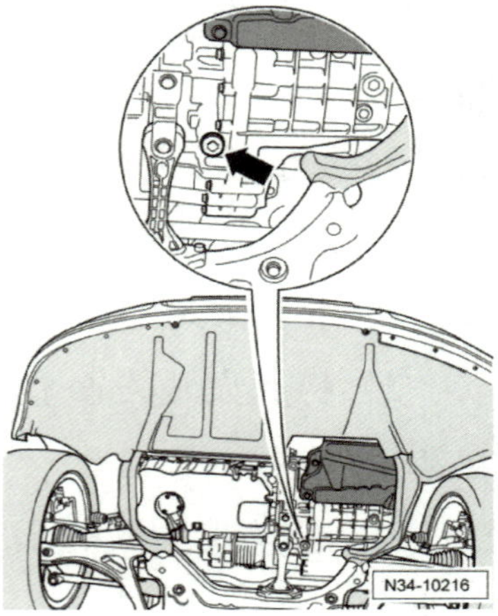

随堂笔记

6）用 8mm 的内六角扳手拆下放油螺塞孔内的溢流管（溢流管的长度决定了变速器中变速器油液位）。

7）待变速器油完全流净后，安装好溢流管。

8）查询维修手册，查找变速器油的规定型号和加注量。

9）将变速器油加注适配接头 A 拧到放油螺塞孔上，另一端连接到变速器油罐口上。

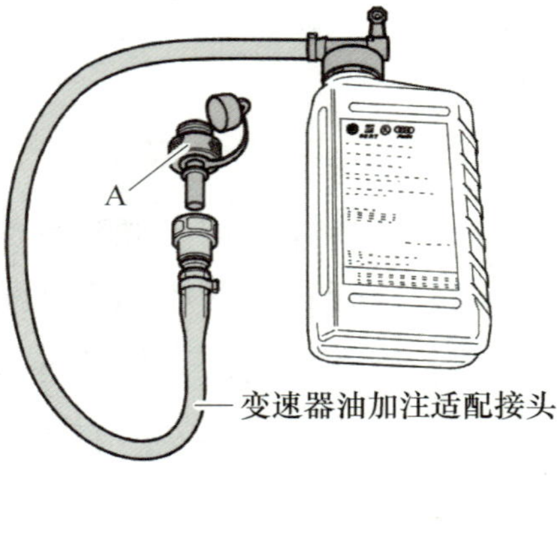

10）将变速器油罐倒立并放到高于变速器的位置，使油罐的油流入变速器内。

11）起动发动机，踩下制动踏板，逐个挂档，每个档位保持约 3s，最后将变速杆置于 P 位。

12）在发动机运转的情况下，拆下变速器油加注适配接头，排出多余的变速器油。

13）更换新的排放塞密封垫，等待溢流管不再溢油后按规定力矩拧紧排放塞。

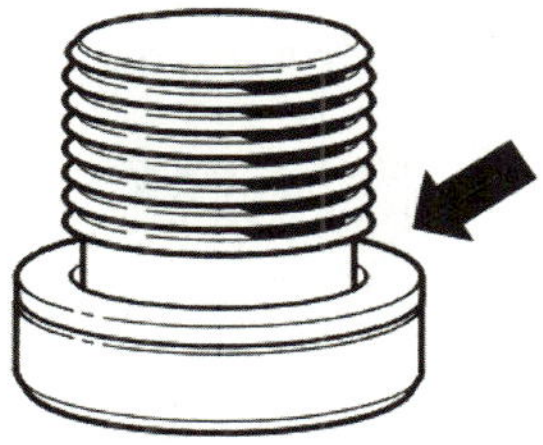

随堂笔记

双离合器自动变速器的检查与维护	工作任务单	班级：
		姓名：

一、车辆信息记录

品牌		整车型号		生产年月	
发动机型号		发动机排量		行驶里程	
车辆识别代号					

二、故障码及数据流读取

故障码				
清除故障码后读码				
参数名称	不起动数值	怠速数值	高转速数值	判定
				正常□　异常□
				正常□　异常□
				正常□　异常□
				正常□　异常□
				正常□　异常□

随堂笔记

三、漏油的检查

项目名称	记录	项目名称	记录
放油螺塞	漏油□　否□	变速器前油封	漏油□　否□
变速器壳体	漏油□　否□	散热器	漏油□　否□
驱动轴油封	漏油□　否□	滤清器	漏油□　否□
散热器进油管	漏油□　否□	散热器出油管	漏油□　否□

四、油液的更换

作业项目	记录	作业项目	记录
ATF 型号		滤清器型号	
标准加注量	L	实际加注量	L

五、查阅维修手册

序号	部件名称	章节及页码	规格（米制）
1		第　　章　　页	
2		第　　章　　页	
3		第　　章　　页	

<table>
<tr><td colspan="4">双离合器自动变速器的检查与维护</td><td colspan="4">实习日期：</td></tr>
<tr><td colspan="2">姓名：</td><td colspan="2">班级：</td><td colspan="2">学号：</td><td colspan="2" rowspan="3">教师签名：</td></tr>
<tr><td colspan="2">自评：□熟练　□不熟练</td><td colspan="2">互评：□熟练　□不熟练</td><td colspan="2">师评：□合格　□不合格</td></tr>
<tr><td colspan="2">日期：</td><td colspan="2">日期：</td><td colspan="2">日期：</td></tr>
<tr><td colspan="8">双离合器自动变速器的检查与维护【评分细则】</td></tr>
<tr><td>序号</td><td>评分项</td><td>得分条件</td><td>分值</td><td>评分要求</td><td>自评</td><td>互评</td><td>师评</td></tr>
<tr><td>1</td><td>安全 / 7S/ 态度</td><td>□ 1. 能进行工位 7S 操作
□ 2. 能进行设备和工具安全检查
□ 3. 能进行车辆安全防护操作
□ 4. 能进行工具清洁、校准和存放操作
□ 5. 能进行三不落地操作</td><td>15 分</td><td>未完成 1 项扣 3 分</td><td>□熟练
□不熟练</td><td>□熟练
□不熟练</td><td>□合格
□不合格</td></tr>
<tr><td>2</td><td>专业技能能力</td><td>作业 1
□ 1. 能正确地连接故障诊断仪
□ 2. 能正确地控制变速器暖机
□ 3. 能正确地读取自动变速器系统故障码
□ 4. 能正确地清除自动变速器系统故障码
□ 5. 能正确地读取自动变速器系统数据流
□ 6. 能正确地读取不起动时数据流
□ 7. 能正确地读取怠速时数据流
□ 8. 能正确地读取高速时数据流
作业 2
□ 1. 能正确地检查放油螺塞是否漏油
□ 2. 能正确地检查壳体是否漏油
□ 3. 能正确地检查驱动轴油封是否漏油
□ 4. 能正确地检查前油封是否漏油
□ 5. 能正确地检查散热器进油管是否漏油
□ 6. 能正确地检查散热器出油管是否漏油
□ 7. 能正确地检查散热器是否漏油
□ 8. 能正确地检查滤清器是否漏油
作业 3
□ 1. 能正确地排放双离合器变速器油
□ 2. 能正确地更换滤清器
□ 3. 能正确地安装、紧固滤清器
□ 4. 能正确地安装、紧固放油螺塞
□ 5. 能正确地加注双离合器变速器油</td><td>50 分</td><td>未完成 1 项扣 3 分，扣分不得超过 50 分</td><td>□熟练
□不熟练</td><td>□熟练
□不熟练</td><td>□合格
□不合格</td></tr>
<tr><td>3</td><td>工具及设备的使用能力</td><td>□ 1. 能正确地使用维修工具
□ 2. 能正确地使用维修专用工具
□ 3. 能正确地使用故障诊断仪
□ 4. 能正确地使用油液加注机</td><td>10 分</td><td>未完成 1 项扣 3 分，扣分不得超过 10 分</td><td>□熟练
□不熟练</td><td>□熟练
□不熟练</td><td>□合格
□不合格</td></tr>
<tr><td>4</td><td>资料、信息查询能力</td><td>□ 1. 能正确地使用维修手册查询资料
□ 2. 能正确地记录查询资料的章节及页码
□ 3. 能正确地记录所需维修信息</td><td>10 分</td><td>未完成 1 项扣 3 分，扣分不得超过 10 分</td><td>□熟练
□不熟练</td><td>□熟练
□不熟练</td><td>□合格
□不合格</td></tr>
<tr><td>5</td><td>数据判断和分析能力</td><td>□ 1. 能判断故障码是否正常
□ 2. 能判断数据流是否正常
□ 3. 能判断双离合器变速器是否漏油
□ 4. 能判断双离合器变速器油的加注量</td><td>10 分</td><td>未完成 1 项扣 3 分，扣分不得超过 10 分</td><td>□熟练
□不熟练</td><td>□熟练
□不熟练</td><td>□合格
□不合格</td></tr>
<tr><td>6</td><td>表单填写和报告撰写能力</td><td>□ 1. 字迹清晰
□ 2. 语句通顺
□ 3. 无错别字
□ 4. 无涂改
□ 5. 无抄袭</td><td>5 分</td><td>未完成 1 项扣 1 分</td><td>□熟练
□不熟练</td><td>□熟练
□不熟练</td><td>□合格
□不合格</td></tr>
<tr><td colspan="8">总分：</td></tr>
</table>

随堂笔记

参 考 文 献

[1] 刘冬生，陈崇月，荆红伟. 汽车底盘构造与检修 [M]. 北京：机械工业出版社，2017.

[2] 李守纪，李傲寒. 汽车底盘维修 [M]. 北京：人民交通出版社股份有限公司，2014.

[3] 栾琪文，于京诺. 最新汽车无级变速器结构原理与维修 [M]. 沈阳：辽宁科学技术出版社，2007.

[4] 武华，何才. 汽车底盘构造与拆装工作页 [M]. 2 版. 北京：人民交通出版社，2013.